如何看中国

"如何看中国"丛书

编委会

主　任：杜占元

副主任：陆彩荣

委　员：（以姓氏笔画排序）

于　瑛　王义桅　王　毅　许　荣　李君如
迟福林　张海鸥　陈　晋　林　锋　胡开敏
胡富国　禹　湘　徐　步　徐　斌　黄长奇
萧师铃　韩　震　谢春涛　靳　诺　静瑞彬

编辑部

主　任：徐　步

副主任：胡开敏

成　员：于　瑛　文　芳

从富起来到强起来
如何看中国改革开放

迟福林 主编

张 娟 陈 薇 副主编

出版前言

习近平总书记说过:"当今世界是开放的世界,当今中国是开放的中国。中国和世界的关系正在发生历史性变化,中国需要更好了解世界,世界需要更好了解中国。"

当今中国,日益走近世界舞台的中央。国际局势动荡变化,各方力量此消彼长,世界同时也将目光投向中国:中国从哪里来?向何处去?中国能为世界做些什么?种种问题,大多从不同的视角集中为这样一个话题:如何看中国?这是一个很大的课题,回答起来,并不容易。

一个大国的成长,其间必然伴随种种曲折和坎坷。我们时常看到一些外国朋友对中国怀有成见,听到一些歪曲中国的声音。凡此种种,大多源于不了解。而澄清这些误解的过程,也是在回答"如何看中国"的过程。

现在,我们推出这套"如何看中国"丛书,这也是对关注中国的外国朋友的一种回应。这套书中,有的是回顾中国共产党的历史,有的是阐释中国共产党的治国之道,有的是讲述中国改革开放的光辉历程，有的是反映反腐败斗争的成果，还有全球治理下的中国担当、"一带一路"、精准脱贫、生态文明建设等关于中国发展的方方面面的内容。应该说，这些话题都是外国朋友比较关注的。当这些话题汇集起来，回答"如何看中国"便有了一些视角。

如果我们站在历史长河中看中国——

中华民族有着五千年的悠久历史和灿烂文化，东方智慧和信仰延绵至今。孔孟儒学、道家老子，先哲的思想一直启迪着后世。相融共生、"和合之美"，是人类命运共同体的理念基石。"和羹之美，在于合异"，解释了"一带一路"倡议"各美其美、美人之美，美美与共"的初衷。中国一直秉承着先祖朴素的治国安邦理念，在中国共产党的领导下，走出了一条独特的大国治理之道。

如果我们以发展的眼光看中国——

中国一直在成长，在成长过程中难免会遭遇各种阻力；中国也走过一些弯路，在前进过程中也遇到了各种艰险。40多年前，中国开始改革开放，如今，从站起来、富起来到强起来的中国，正以深化改革、将改革进行到底的决心求发展。中国成功解决了7亿多人口的贫困问题，并且，始终追求可持续发展，像珍爱眼睛一样珍视环境，将"绿水青山"留成后世的"金山银山"。

如果我们站在全球范围内看中国——

中国从来不是孤立的存在，中国人民的梦想同世界各国人民的梦想息息相通。中国致力于推动构建人类命运共同体，始终不渝走和平发展道路，做世界和平的建设者、全球发展的贡献者、国际秩序的维护者，积极参与全球治理，承担世界上人口最多的发展中国家在世界发展进程中的使命与责任。

如果我们以积极的态度看中国——

世界上有很多关于中国和中国共产党的不同声音，甚至时常有"中国威胁论"的言论发出。中国与其他任何国家一样，并不是完美的，但在中国共产党的领导下，中国一直在坚定不移地走着中国特色社会主义的发展道路，积极自信地向着建设富强民主文明和谐美丽的社会主义现代化强国而努力。并且，爱好和平的中国，愿与世界一同分享中国的发展成果。

2019年是新中国成立70周年。从新中国成立的那一天起，中国就已经迈出了世界上最大的发展中国家独立自主搞建设的第一步。70年风风雨雨，中国从举步维艰走向了繁荣富强。英语中有一句流传很广的谚语："事实胜于雄辩"，这也可以说是"如何看中国"的一个恰当注脚。

希望这套书可以成为一扇看中国的窗口，让更多的朋友了解中国。

目录

序言 … 1

第一章

从伟大转折到改革起步
（1978—1984） … 5

大幕拉开：十一届三中全会 … 6
从思想大解放到全面拨乱反正 … 9
农村突破："包产到户" … 16
企业改革破冰 … 23
对外开放扬帆启程 … 34
法治的恢复、重建 … 39

第二章

改革重心战略转移：从农村转向城市
（1984—1992） … 45

以城市为重点的经济体制改革加快步伐 … 46

城市经济体制综合改革：从试点到扩大	48
农村改革由内转外，城乡改革相互配合	53
改革中心环节：企业改革	58
股份制和资本市场开始建立	64
价格改革：起步——闯关——市场化	67
政治体制改革初步探索	71
多层次的开放格局初步形成	76
教育、医疗和住房民生改革开始突破	83

第三章

社会主义市场经济体制的建立
（1992—2002）　　　　　　　　　　89

建立社会主义市场经济体制的改革目标	90
90年代国企改革攻坚	94
建立市场导向的金融宏观调控体系	104
对外开放开始全方位融入世界	113
依法治国战略的提出	123
政府改革：效率、公开和法治化	126
共享发展成果的民生改革格局逐步形成	130
乡镇企业改革：90年代初期中国农村的亮点	137

第四章

社会主义市场经济体制逐步完善
(2002—2012)   141

更大程度地发挥市场在资源配置中的基础性作用   142

全面建设小康社会纲领和科学发展观   145

以国有资产管理改革为重点推动国企改革   148

大力发展资本市场成为重要战略任务   152

非公经济发展新格局   156

农村改革进入工业反哺农业新阶段   161

服务型政府建设   164

社会事业提升为构建和谐社会重要环节   167

第五章

全面深化改革新阶段
(2012—2017)   175

全面深化改革历史新起点:"四个全面"   176

推进供给侧结构性改革   182

推进金融、财税重点领域改革   190

国家创新战略发展   196

区域发展新战略   200

以公平正义为核心推进社会事业改革创新　208

深化以简政放权为重点的政府改革　215

构建开放型经济新体制　218

生态文明体制改革的顶层设计　223

文化体制改革纵深拓展　226

完善司法体制改革，推进法治化建设　230

第六章

夺取新时代中国特色社会主义伟大胜利（2017—）　235

中共十九大和习近平新时代中国特色社会主义思想　236

坚定迈向高质量发展建设现代化经济体系　239

深化行政、司法体制改革　246

实施乡村振兴战略　252

推动形成全面开放新格局　255

加快民生建设，深化生态文明体制改革　261

庆祝改革开放40周年　266

后　记　268

序 言

改革开放是当代中国最鲜明的特色,是决定当代中国命运的关键抉择。习近平总书记在博鳌亚洲论坛2018年年会主旨演讲中指出:"1978年,在邓小平先生倡导下,以中共十一届三中全会为标志,中国开启了改革开放历史征程。从农村到城市,从试点到推广,从经济体制改革到全面深化改革,40年众志成城,40年砥砺奋进,40年春风化雨,中国人民用双手书写了国家和民族发展的壮丽史诗。"

改革开放40多年来,中国在走向经济现代化的进程中实现了重要的历史跨越:从工业化初期到工业化后期的历史性跨越;从封闭半封闭到全方位开放的历史性转折;从短缺经济社会到消费新时代的历史性提升。

对外开放深刻改变中国。改革开放40多年来,中国成功把握经济全球化浪潮所带来的历史机遇,始终坚持对外开放的基本国策，成功实现从封闭半封闭到全方位开放的伟大转折，不仅推动了经济的较快发展，而且为全球经济增长做出重大贡献。

总结这些年来的基本经验，一方面，中国在改革中极大地激发市场与经济活力。1978—2018年，中国国内生产总值增长35.7倍，年均增长9.4%，远超同一时期其他主要经济大国的增长率。1978—2018年，中国GDP占世界经济总量的比重由1.8%上升至15%左右，居全球第二；一方面，中国在改革开放进程中把握国情，顺应时代发展潮流，探索形成中国特色社会主义的成功之路，建立充满活力的社会主义市场经济体制。

对外开放深刻影响世界。中国的对外开放以兴办经济特区为突破口，完成了由经济特区到沿海开放城市，再向内地扩展的多层次探索和实践。世纪之交，中国加入世界贸易组织，使国内经济制度与国际贸易规则接轨。中共十八大以来，中国提出"一带一路"倡议；从设立自由贸易试验区到探索建设自由贸易港，加快构建开放型经济新体制；通过世界经济论坛、G20峰会、上合组织等途径积极参与全球经济治理。中国正加快由经济全球化的参与者、追随者向推动者、促进者转变。自2013年习近平主席提出构建人类命运共同体的倡议以来，这一倡议得到越来越多国家和人民的欢迎和认同，是促进世界和平发展的中国智慧和中国方案，也是中国为促进实现人类共同美好未来的大国担当。可以说，改革开放这场中国的第二次革命，不仅深刻改变了中国，也深刻影响了世界！

改革开放是理解和认识当代中国的一把"钥匙"。实行改革开放以来，中国仅用短短几十年时间就成为世界制造业第一大国、货物贸易第一大国、第二大外资流入国、第三大对外投资国和发展中国家中最大的对外投资国。为什么说改革开放是决定当代中国命运的关键一招？40多年来，中国如何走过宏伟艰辛的改革开放历程？在中国改革开放进程中有哪些实践和经验？本书力图以历史发展脉络为线索，回顾与阐述改革开放40多年的光辉历程，讲述中国改革开放故事，希望有助于国际国内社会对中国改革开放的理解和认识。

系统总结改革开放40多年的历史成就与重要经验，不是为了彰显成就，而是为了更好地推进改革开放。习近平总书记在庆祝改革开放40周年大会上指出，"改革开放40年积累的宝贵经验是党和人民弥足珍贵的精神财富，对新时代坚持和发展中国特色社会主义有着极为重要的指导意义，必须倍加珍惜、长期坚持，在实践中不断丰富和发展。"

当前，改革又到了一个新的历史关头，推进改革的复杂程度、敏感程度、艰巨程度不亚于40多年前。站在改革开放新的历史起点上，将改革进行到底，要有一种改革的状态、改革的精神、改革的气魄。实现新的改革突破，赢得中国未来更长时间的可持续发展。

1978年12月召开的中共十一届三中全会，确立了解放思想、实事求是的思想路线，做出了把党和国家工作重点转移到经济建设上来、实行改革开放的历史性决策。中共十一届六中全会通过的《关于建国以来党的若干历史问题的决议》，彻底否定了"文化大革命"，完成了指导思想上的拨乱反正。

第一章

从伟大转折到改革起步（1978—1984）

大幕拉开：
十一届三中全会

前奏：1978年中共中央工作会议

中共十一届三中全会是在中国面临何去何从的重大历史关头召开的。1978年5月10日，中央党校内部刊物《理论动态》发表经中央党校副校长胡耀邦审定的《实践是检验真理的唯一标准》一文，5月11日又以《光明日报》特约评论员名义公开发表，由此引发了一场关于真理标准的大讨论，为中共十一届三中全会召开奠定了思想和理论基础。

1978年11月10日至12月15日，中共中央工作会议在北京京西宾馆召开。邓小平在这次会议闭幕式上发表《解放思想,实事求是,团结一致向前看》的重要讲话,指出中央已提出把全党工作的重心转移到实现"四个现代化"上来,需要强调解放思想,开动脑筋,实事求是,团结一致向前看。这次重要讲话引起了强烈的反响,是新时期解放思想的"宣言书",为中共十一届三中全会正确处理历史遗留问题、确立改革开放战略方针做了充分的思想动员和思想准备。

伟大转折:十一届三中全会

在邓小平同志领导下和老一辈革命家支持下,在中央工作会议充分准备的基础上,1978年12月18日至22日,中共十一届三中全会在北京召开。

信任群众、实事求是、发扬民主

1977年7月,邓小平在中共十届三中全会上指出:"我们只要充分信任群众、实事求是、发扬民主,把毛泽东同志的建党学说和党的一整套的作风恢复起来,发扬起来。"

全会冲破长期"左"的错误的严重束缚,批评"两个凡是"的错误方针,充分肯定必须完整、准确地掌握毛泽东思想的科学体系,高度评价关于真理标准问题的讨论,确定解放思想,开动脑筋,实事求是,团结一致向前看的指导方针,做出把党和国家工作重点转移到经济建设上来、实行改革开放的重大决策。

中共十一届三中全会召开,实现新中国成立以来党的历史上具有深远意义的伟大转折,开启了改革开放和社会主义现代化的伟大征程。从此,中国改革开放拉开了大幕。

从思想大解放到全面拨乱反正

真理标准问题大讨论

1977年2月7日,《人民日报》、《红旗》杂志、《解放军报》社论《学好文件抓住纲》提出了"两个凡是"的方针,即:"凡是毛主席做出的决策,我们都坚决维护;凡是毛主席的指示,我们都始终不渝地遵循。"

1978年5月10日在中央党校内部刊物《理论动态》发表,又于次日在《光明日报》发表的题为《实践是检验真理的唯一标准》的文章指出:检验真理的标准只能是社会实践,理论与实践的统一是马克思主义的一个最基本的原则,任何理论都要不断接受实践的检验。这是从根本理

《实践是检验真理的唯一标准》作者谈

我认为"两个凡是"是典型的唯心主义、形而上学,而它的要害就在于否认实践标准,否认理论、路线、政策、决策都必须通过实际检验才能知道是正确的还是错的。

——胡福明,《实践是检验真理的唯一标准》主要作者之一

论上对"两个凡是"的否定。这篇文章一经发表,即引起了强烈反响,并引发激烈争论,全国性的真理标准问题的大讨论由此展开。

关于真理标准的大讨论在很大程度上澄清了"左"的迷误,对推动各条战线的拨乱反正发挥了思想先导作用,为中共十一届三中全会确定改革开放战略方针奠定了重要的思想基础。

《关于建国以来党的若干历史问题的决议》

1980年10月12日,中共中央办公厅发出组织《关于建国以来党的若干历史问题的决议(草稿)》讨论的通知,由于预定参加讨论人数是4000人,所以称作"四千人大讨论"。1981年6月27日至29日,中共十一届六中全会在北京召开,全会审议和通过了《关于建国以来党的若干历史问题的决议》。

该决议指出,要彻底否定"文化大革命",同时强调毛泽东思想是被实践证明了的关于中国革命的正确的理论原则和经验总结,是中国共产党集体智慧的结晶。必须坚持毛泽东思想,并以符合实际的新原理和新结论丰富和发展毛泽东思想。

决议的通过,标志着中国共产党在指导思想上的拨乱反正任务的胜利完成,对于统一全党、全军、全国各族人民的思想认识,对于调动一切积极因素、凝聚各方力量,同心同德地为实现新的历史任务而奋斗,动员全党全国各族人民同心同德进行社会主义现代化建设,具有划时代的意义;使全党、全国深刻地总结了经验教训,解决了历史遗留问题,全身心地去开拓改革开放的新时代,为党和国家的发展奠定了重要的政治基础。

"搞好后就不要经常变动了"

在科学和教育座谈会上,邓小平阐述了他的想法:"从明年开始执行新的教育制度。今年做准备,把学制、教材、教师、学生来源、招生制度、考试制度、考核制度等都要确定下来,都要搞好。搞好后就不要经常变动了。"

恢复高考:从"先声"到"春天"

1966年至1971年,中国的高等学校停止招生。1972年至1976年,高等学校采取"自愿报名,群众推荐,领导批准,学校复审"的办法招收工农兵学员。不合理的招生制度导致了"读书无用论"盛行,教育质量严重滑坡,国家建设所需的各种专门人才青黄不接。

1977年8月4日至8日,邓小平在人民大会堂主持召开了科学和教育工作座谈会,会议共邀请了30多位著名科学家和教育工作者参加。会上邓小平发表了著名的"八八讲话"。这次会议的一项决定直接促使恢复高考这项重要政策的出台,改变了几千万人的命运,被称为"教育界拨乱反正的先声"。

科学的春天:全国科学大会

1978年3月18日至31日,全国科学大会在北京召开。邓小平在大会开幕式上发表重要讲话,明确指出,"现代化的关键是科学技术现代化",把"尽快培养出一批具有世界第一流水平的科学技术专家,作为我们科学、教育战线的重要任务""知识分子是工人阶级的一部分",并重申了"科学技术是生产力"这一马克思主义基本观点。

拥抱科学的春天

全国科学大会闭幕前,宣读了86岁高龄的中国科学院院长郭沫若的书面讲话《科学的春天》。讲话中提到,"我们民族历史上最灿烂的科学的春天到来了""这是科学的春天!让我们张开双臂,热烈地拥抱这个春天吧"。

这次全国科学大会,题在科技,意在全局。它确立了科学技术工作正确的指导思想,让知识和教育重新赢得了人们的尊重,让整个社会再一次萌生了对科学的崇敬。这次大会是向科学技术现代化进军的总动员令,对中国的社会主义现代化建设起了极大的推动作用。中国科技事业开始全面复苏。

四次按劳分配大讨论

按劳分配讨论不仅是一个理论问题,更关系到广大人民群众的切身利益,直接影响着调动人民群众进行社会主

"让一部分人先富起来"

对社会主义的错误认识和平均主义的分配政策是改革的一大阻碍。1978年9月20日,邓小平在天津视察时第一次明确地提出"让一部分人先富起来",目的在于让"有条件"的地区和"诚实劳动、合法经营"的人先富裕起来,带动改革向前发展。

义现代化建设的积极性。

1977年4月、6月、10月，在北京分别进行了三次按劳分配讨论会。讨论会的规模一次比一次大，主要内容是批判"四人帮"及过去"左"的思想和路线，从思想理论上拨乱反正。

1978年5月，在邓小平指导下，国务院政治研究室撰写了《贯彻执行按劳分配的社会主义原则》一文，于5月5日以"特约评论员"名义在《人民日报》上发表，使按劳分配的"名誉"得到了正式的恢复。按劳分配原则涉及广大人民群众的切身利益，邓小平旗帜鲜明地支持这一原则，为党的工作重心转移到经济建设上奠定了坚实的基础。

1978年10月，在思想解放浪潮的鼓荡下，中共中央工作会议前夕，更大规模的第四次全国按劳分配理论讨论会在北京召开。总体来说，这一时期在按劳分配问题上进行拨乱反正取得了重大成果。

农村突破："包产到户"

小岗村："包产到户"

1978年夏秋之际，安徽发生了特大旱灾。安徽省委做出把集体无法耕种的土地借给农民耕种，谁种谁收，不向农民收统购粮的"借地种粮"决策。决策唤起了农民的生产自救积极性，从而诱发了凤阳县小岗生产队"包产到户"的行动，开启了全国农村家庭联产承包责任制的实践，并成为打破农村计划经济旧体制的坚冰、推动农村改革取得重大突破的典型。

"包产到户"责任制把生产队的统一经营与家庭的分户经营结合起来，把农民的切身利益同产量密切联系起来，有效地克服了平均主义和干活瞎指挥的弊病。

为"包产到户"上"户口"

中共十一届三中全会同意将《中共中央关于加快农业发展若干问题的决定（草案）》和《农村人民公社工作条例（试行草案）》，发到各省、市、自治区讨论和试行。其中虽然不许"包产到户""分田单干"，但肯定了"包工到组""联产计酬"的管理方式。

1979年5月20日，《人民日报》发表了题为《调动农民积极性的一项有力措施》的文章，对"包产到组"的生产形式做了肯定。这可以说是家庭联产承包责任制的初步发展时期。

打谷场上一片黄金

1979年10月，小岗村打谷场上一片金黄。经计算，当年粮食总产量为66吨，相当于全村1966年至1970年5年粮食产量的总和。

1979年底，在中国农业经济学会发起的学术讨论会上，安徽代表介绍了肥西县实行"包产到户"、凤阳县实行"大包干"的经验，特别是凤阳县"交够国家的，留足集体的，剩下都是自己的"的"大包干"经验，得到了人们的强烈关注。

1980年9月14日至22日，中共中央召开各省、市、自治区第一书记座谈会，很多人对"包产到户"的提法不

万里谈"包产到户"

万里很风趣、很幽默地讲道："孩子已经生下来了，孩子长得不错，邻居去看了以后都非常高兴。但是回来以后又凉了半截子，为什么呢？说要批判啊，这就是单干啊，单干就是资本主义啊。我的态度是，对群众同意的事情，要尊重群众的意见，所以我给他报个'户口'，承认它也是生产责任制的一种形式。"

——王郁昭，安徽省原省长

明确支持,甚至还发生了激烈的争执。

后来,万里副总理请国家农委副主任杜润生主持起草会议文件,最终形成中共中央75号文件,即《中共中央关于印发进一步加强和完善农业生产责任制的几个问题的通知》。

文件指出:集体经济是中国农业向现代化前进的不可动摇的基础,但过去人民公社脱离人民的做法必须改革。要求"包产到户"的,应支持群众的要求。

这份文件打破了多年来形成的"包产到户"等于资本主义复辟的僵化观念,在支持和保护全国各地出现的农村家庭联产承包责任制上发挥了积极作用,为"包产到户"上了"户口"。

家庭联产承包责任制的确立

1980年,"双包"已经成为一股强大的潮流在全国铺开。随着中央75号文件逐渐被群众实践突破,国家考虑需要制定新的关于农村问题的文件,

1981年底,《全国农村工作会议纪要》定稿,中共中央决定将其作为1982年中央1号文件发布,这是中国共产党历史上第一份关于农村工作的1号文件。这个文件的公布,彻底解除了对"包产到户""包干到户"的最后一

道"紧箍咒",肯定了"包产到户"的社会主义性质,肯定了农村改革的方向,在实质上确立了家庭联产承包责任制。由此,"包产到户"在全国形成了不可阻挡的燎原之势。

1983年1月2日,《当前农村经济政策的若干问题》作为第二个中央1号文件正式颁布。此文件对整个农村改革的趋势做了科学的判断:商品生产的蓬勃发展,是农村经济新局面的一个基本特征,它标志着中国农村从自给自足、半自给性生产转向专业化、社会化生产的具有历史意义的开端。

这个政策的公布,给农民"松了绑",大大放活了农村经济,为农村发展商品生产营造了环境,开辟了渠道。

"撤社建乡":人民公社退出历史舞台

1979年9月,四川省广汉县委选择在向阳人民公社进行"政社分工"的改革试点。从全国来看,1982年以后,"双包"责任制由原来的不允许到允许但不提倡,进一步走向全面推广,并不断完善,"政社合一"的人民公社也随之名存实亡。

1983年10月12日,中共中央、国务院发布《关于实行政社分开,建立乡政府的通知》,要求各地将人民公社中属于政权的那部分职权分离出去,建立乡政府作为农村

中国第一个改制的人民公社

1980年6月18日中午,"广汉县向阳人民公社管理委员会"的牌子被摘下,取而代之的是"广汉县向阳乡人民政府"的牌子。至此,向阳正式取消了"政社合一"的人民公社体制,成为中国第一个改制的人民公社。

基层政权;乡政府对各级经济组织仅进行行政领导;乡以下设立村民委员会,行使原来大队的行政职能。到1984年底,全国基本完成了对人民公社的体制改革。"政社合一"的人民公社制度成了历史。

1992年10月,八届全国人大常委会一次会议修改《中华人民共和国宪法》,正式将现行《中华人民共和国宪法》中关于人民公社的提法删除,改为家庭联产承包责任制作为农村的基本经营管理体制长期不变,家庭联产承包责任制被正式列入国家根本大法,人民公社从法律条文中正式消失。

异军突起

在外国友人面前谈起中国的乡镇企业，邓小平用"完全没有预料到的最大的收获""异军突起"等语句来评价这个农村改革的重要成果。

乡镇企业异军突起

1984年3月1日，中共中央、国务院转发农牧渔业部《关于开创社队企业新局面的报告》并发出通知，批准农村社队企业更名为"乡镇企业"，并赋予乡镇企业以不同于社队企业的新的性质和内容。在这个文件的推动下，乡镇企业以前所未有的速度发展起来。

企业改革破冰

国企扩权：从试点到全面铺开

1978年10月，经国务院批准，中共四川省委、四川省人民政府选择了不同行业具有代表性的重庆钢铁公司、成都无缝钢管厂、宁江机床厂、四川化工厂、新都县氮肥厂和南充丝绸厂6家地方国营工业企业率先进行扩大企业自主权试点。

改革的主要内容，是逐户核定企业的利润指标，规定当年的增产增收目标，允许在年终完成计划以后提留少量利润作为企业的基金，并允许给职工发放少量奖金。虽然只是微不足道的小小权利，却在当年第四季度计划的超额完成中收到了预想不到的效果。

1979年1月31日，中共四川省委印发《关于地方工业扩大企业权力，加快生产建设步伐的试点意见》，把试点的工业企业由6家扩大到100家，同时在40家国营商业企业中也进行了扩大经营管理自主权的试点，成为国营企业改革乃至城市经济体制改革起步的标志。

1979年，李先念要求国家经济贸易委员会认真研究扩大企业自主权问题，经委研究室就此提出"扩权十条"。4月，中共中央工作会议认可了"扩权十条"。5月，国家经委、财政部等6部委联合发出通知，确定在首钢、上海柴油机厂、天津自行车厂等8家企业进行扩权试点。

1980年9月2日，国务院批转国家经委《关于扩大企业自主权试点工作情况和今后意见的报告》，批准从1981年起，将扩权工作在国营工业企业中全面铺开。

国企承包，试行劳动合同制

作为一种探索，国家于1981年进行扩大企业自主权试点，选择首都钢铁公司等企业作为承包经营试点。到1983年，作为一种重要的改革方式，以利润包干为主要内容的承包经营责任制在全国很快发展了起来。

1983年2月26日，《人民日报》刊登了《在国家经委和江西省委支持下卢火根冲破阻力承包办厂》。卢火根个人承包企业,成为国企承包制中的"另类",在当地引起了不小的轰动。

除了国企承包以外,打破铁饭碗也成为当时国企改革的重点。1983年2月22日,劳动人事部《关于积极试行劳动合同制的通知》的发布,彻底打破了新中国成立后中国实行以固定工为主体的"终身制"用工制度。劳动合同制成为用工制度方面破旧创新的一项重要改革。

从利润留成到二步利改税

1980年1月22日,国务院批转国家经委、财政部《关

国营企业承包第一人

继卢火根之后,各地大量的中小国营企业都实行了个人承包制。河北的马胜利从1984年承包石家庄造纸厂后,到1987年,竟跨越数省,承包了各地100家造纸厂,得了"国营企业承包第一人"的称号。

于国营工业企业利润留成试行办法》，提出：利润增长部分四六开，40%留企业，60%交国家；利润留成的使用——用于发展生产方面的不得少于60%，用于职工福利和奖金方面的不得超过40%。

1981年至1982年主要实行经济责任制，采取了利润留成、盈亏包干和以税代利、自负盈亏等三种主要分配方式。1983年初，国务院决定在全国国营企业试行利改税。1983年4月29日，财政部发布《财政部关于对国营企业征收所得税的暂行规定》。当年6月1日起，国营企业开始普遍推行利改税制度。

国企首聘"洋厂长"

1983年7月8日，邓小平明确提出把引进国外智力作为一项重要的战略方针，作为对外开放的重要组成部分。

65岁的德国退休专家威尔纳·格里希就是在这样的背景下第一次来到中国，成为中国国营企业的首位"洋厂长"。

利改税的核心是把国营企业向国家上交的利润改为缴纳税金，将所得税引入国营企业利润分配领域，税后利润全部留归企业，以使国营企业逐步走上自主经营、自负盈亏的道路。不过，由于当时中国的价格体系还没有完全理顺，利改税只能采取渐进式的方法。

国营企业利改税由此开始，这也是中国税收走向市场化的起点，是改变改革开放整个进程的关键一步。中国初步建立了适应有计划的社会主义商品经济的税收制度，对于改革开放初期保证财政收入、加强宏观调控、促进改革开放、推动经济与社会发展起到了重要的作用。

试行拨改贷

1979年是贯彻实施中共中央关于对国民经济实行"调整、改革、整顿、提高"方针的第一年。由于基本建设规模居高不下，行政管理等费用的增加又超过了国家财政的负担能力，造成国家财政当年出现赤字170亿元。在这一背景下，国家出台了拨改贷政策措施。

1979年8月28日，国务院转发国家计委、国家建委、财政部《关于基本建设投资试行贷款办法的报告》及《基本建设贷款试行条例》，试行将基建拨款改为银行贷款，贷款业务由中国人民建设银行办理。这就是有名的拨改贷的开始。

1984年12月14日，国家计委、财政部、中国人民建设银行颁发《关于国家预算内基本建设投资全部由拨款改为贷款的暂行规定》。至此，所有国营单位的基本建设和更新改造投资全部改为银行贷款。拨改贷以后，国营企业失去了从国家无偿得到资金的可能性。

试行企业股份制

1984年10月20日，中国共产党第十二届中央委员会第三次全体会议通过《中共中央关于经济体制改革的决定》，提出"所有权与经营权是可以适当分开的"，这为企业试行股份制提供了政策空间。

早在1980年4月至5月的中央书记处研究室与国家劳动总局联合召开的劳动工资座谈会上，经济学家厉以宁就提出要采用股份制方式扩大老厂规模、筹建新厂，还提出可以允许知识青年"带股进厂"，以增加就业。11月，《人民日报》刊登了一封读者来信，分析说，一方面，"企业必定会有多余的资金无处投放"；另一方面，"许多商品的生产，由于缺少资金，不能满足市场需要"，由此提出了"集股投资"的建议。这一年，哈尔滨松江木器厂开始尝试用集资入股的办法扩大生产能力，这是改革开放以后最早搞的股份制实践。

面对各地股份制经济的试点,中共中央和国务院给予了积极支持。1986年12月,国务院发布《关于深化企业改革增强企业活力的若干规定》,明确指出:"各地可以选择少数有条件的全民所有制大中型企业,进行股份制试点。"此后,全国掀起了一股股份制试点热,股份制经济得到了较快发展。

个体经济的恢复和发展

在计划经济时代,中国曾建立了"统包统配"的就业管理体制,即所有新增劳动力的就业由国家统一调配和安置。这种就业曾发挥过重要的作用。但随着经济社会发展,不仅使政府在就业问题上背上了沉重的包袱,更为重要的是,使得人们就业的路子越走越窄。

1979年2月,国家工商行政管理局召开了"文革"结束后的第一次工商行政管理局局长会议,批准恢复和发展个体经济,提出"各地可以根据当地市场需要,在取得有关业务主管部门同意后,批准一些有正式户口的闲散劳动力从事修理、服务和手工业等个体劳动,但不准雇工"。同年3月,中共中央、国务院批准了第一个有关个体经济的报告。虽然这个报告中有种种限制,尤其是当时还不准

>
>
> **"万丰模式"**
>
> 1984年,深圳出现了一个"万丰模式"。万丰村的党支部书记潘强恩提出了一个大胆的设想:发动村民参股兴建工业村。在那个"股"与"私"同"姓"的年代,"万丰模式"以股份制形式向传统公有制发起了冲击,在社会上产生了不小的震动。

雇工,但它公开为个体经济发展开了绿灯。

为解决严重的城市失业问题和创造新的就业机会,中共中央在1980年和1981年分别举行了两次全国性的劳动工作会议。1980年8月,全国劳动工作会议召开,中央要求动员各行各业以及社会多方面力量解决就业问题,并在此会议上提出了"国家统筹规划和指导下,劳动部门介绍就业,劳动者自己组织起来就业和自谋职业相结合"的"三结合"就业方针。

自谋职业指的就是个体劳动者,这使得全国城乡个体经济发展迅速。"三结合"就业方针的实施,是中国就业理论和就业政策的重大突破,是中国就业管理体制改革的开端,对于解决中国城镇就业问题起到了积极的作用。

1982年12月4日,第五届全国人民代表大会第五次会议上,通过了新的《中华人民共和国宪法》。宪法"总纲"第十一条规定:在法律规定范围内的城乡劳动者个体经济,是社会主义公有制经济的补充。国家保护个体经济的合法的权利和利益。国家通过行政管理,指导、帮助和监督个体经济。个体经济政策写入了宪法,使得非公有制经济的发展开始获得稳定的法律支持。

雇工问题大讨论

1979年2月,国家工商行政管理局向中共中央、国务院提交的报告第一次在政策层面上明文规定可以搞个体经济,但是在雇工问题上,还是划了禁区。

1981年,国务院发布《关于城镇非农业个体经济若干政策性规定》,指出,个体经济一般是个人经营或家庭经营,必要时,经过工商行政管理部门批准,可以请一至两个帮手,技术性较强或者有特殊技艺的可以带三个最多不超过五个学徒。

同年10月,《中共中央、国务院关于广开门路,搞活经济,解决城镇就业问题的若干决定》发布,规定"对个体工商户，应当允许经营者请两个以内的帮手，有特殊技艺的可以带五个以内的学徒"。这两个文件突破了1979年国家工商行政管理局关于"不准雇工"的规定，但回避了"雇工"这个敏感词。

《人民日报》当时就雇工问题进行了讨论，有的理论家把此类现象上纲上线为"复辟资本主义"，一时间闹得不可开交。争论的实质，其实还是私营企业合不合法。

1983年1月2日，中共中央印发《当前农村经济政策的若干问题》，指出："对于超出规定雇请较多帮工的，不宜提倡，不要公开宣传，也不要急于取缔，而应因势利导，使之向不同形式的合作经济方向发展。"

1984年1月1日，中共中央印发《关于一九八四年农村工作的通知》，指出："对当前雇请工人超过规定人数的企业，可以不按照资本主义的雇工经营看待。"

1987年1月22日，中共中央政治局通过的《把农村改革引向深入》中，第一次肯定了私营企业。

改革开放后首家个体饭馆诞生

改革开放后中国首家个体饭馆、仅拥有四张桌子的悦宾饭店于1980年9月30日在北京东城区翠花胡同开业，饭店的经营者是刘桂仙、郭培基夫妇，这在当时引起了强烈的社会反响。

70多个国家的记者争相来悦宾饭店采访报道，美国合众社记者龙布乐在采访郭培基时说："三天之内让整个地球都知道你开饭馆。"

对外开放扬帆启程

中美建交和邓小平访美

1978年12月16日,中国和美国两国政府分别在北京和华盛顿同时发表《中华人民共和国和美利坚合众国关于建立外交关系的联合公报》。

公报指出,中华人民共和国和美利坚合众国商定自1979年1月1日起互相承认并建立外交关系。美利坚合众国承认中华人民共和国政府是中国的唯一合法政府;承认中国的立场,即只有一个中国,台湾是中国的一部分。

1979年1月28日,邓小平率团出发前往美国访问。此行被誉为中美关系的"破冰之旅"。邓小平访美,是新

卡特总统对邓小平访美的评价

卡特总统对邓小平的此次访问的评价是:"影响深远,坦诚,亲切,和谐,极其有益和富有建设性。"

中国成立以来中国领导人首次访问美国。美国人第一次近距离领略了新中国领导人的风采。

邓小平访美,加深了美国政党与中国共产党之间的了解,促进了中美两国人民之间的互相理解,迅速提升了刚刚正常化不久的中美关系,为中国开拓国际市场、营造良好的改革开放的国际环境奠定了坚实基础。

经济特区建设:杀出一条血路来

1978年底,中共中央在北京召开历时36天的中央工作会议。会议期间,广东省委书记习仲勋在发言中提出,希望中央能给广东更大的支持,多给地方处理问题的机动余地,允许广东吸收港澳华侨资金以及开展"三来一补"等,习仲勋的意见得到与会者的赞同和支持。随后召开的中共十一届三中全会做出了中国改革开放的重大决策。

1979年4月5日至28日，中共中央在北京召开中央工作会议，主要讨论经济调整问题。在会议期间，习仲勋向邓小平提出希望中央下放若干权力，让广东在对外经济活动中有较多的自主权和机动余地；允许在毗邻港澳的深圳、珠海以及属于重要侨乡的汕头各划出一块地方，单独进行管理，作为华侨、港澳同胞和外商的投资场所，按照国际市场的需要组织生产，初步定名为"贸易合作区"。邓小平非常赞同广东富有新意的设想。

经过中央工作会议讨论，8月13日国务院颁发了《关于大力发展对外贸易增加外汇收入若干问题的规定》，决定在深圳、珠海、汕头、厦门试办特区，还确定在对外经济活动中授权广东和福建两省实行特殊政策、灵活措施。

1980年5月16日，中共中央、国务院批转《广东、福建两省会议纪要》，决定在广东的深圳、珠海、汕头和福建的厦门各划出一定范围，试办经济特区。经济特区的管理，在坚持四项基本原则和不损害主权的条件下，可以采取与内地不同的体制和政策。必须采取既积极又稳妥的方针，抓好特区建设，将"出口特区"这个名称，改为具有更丰富内涵的"经济特区"。

同年8月，五届全国人大常委会第15次会议正式批准国务院提出的在粤、闽四市设立经济特区的建议，同时批准《广东省经济特区条例》，完成了设立经济特区的立法程序。随后，全国人大常委会又批准了《福建厦门经济特区条例》。

创办深圳、珠海、汕头和厦门四个经济特区，对经济特区实行特殊的经济政策和经济管理体制，是中国实行对外开放基本国策的突破口。

外贸体制改革："统一管理，联合经营"

从1979年开始，国家逐步下放了外贸经营权，批准

中国第一次托福考试

1981年1月14日，国务院颁布了《关于自费出国留学的暂行规定》，标志着出国留学之路已经打通，托福考试也随之升温。1981年12月11日，中国的第一次托福考试在北京举办。第一批自费留学生通过托福迈进国外大学校门。

可口可乐重回中国

1979年12月18日,中美正式建交的第二天,可口可乐撤离大陆30年后重返中国市场,成为港澳之外第一家进入大陆的外企,首批3000箱瓶装可口可乐于1979年年底由香港发往北京。

各地方可以成立地区的外贸专业进出口公司。到1983年,国务院先后批准成立的经济部门和省、市、区的地方外贸公司有400余家。

高度集中的统制政策打破后,又出现了过于分散经营的弊端。1983年,国务院发出的《关于当前外贸工作的通知》指出:对外贸易的行政管理权必须集中到对外经济贸易部,实行统一领导和归口管理,改变"政出多门"的现象。

法治的恢复、重建

五届全国人大二次会议：通过 7 部法律

1978 年 12 月，邓小平在中共中央工作会议上深刻指出："为了保障人民民主，必须加强法制。"

中共十一届三中全会确立了社会主义法制建设必须实行"有法可依，有法必依，执法必严，违法必究"的十六字方针。在这一方针的指导下，1979 年 3 月，全国人大常委会法制委员会刚刚成立，就着手相关法律的修改和起草，迈出了社会主义法治建设的重大步伐。

1979 年 6 月 18 日至 7 月 1 日，五届全国人民代表大会第二次会议在北京召开，会议审议并通过了《中华人民共和国地方各级人民代表大会和地方各级人民政府组织法》《中华人民共和国全国人民代表大会和地方各级人民代表大会选举法》《中华人民共和国人民法院组织法》《中华人民共和国人民检察院组织法》《中华人民共和国刑法》《中华人民共和国刑事诉讼法》《中华人民共和国中外合资经营企业法》等7个重要法律。在一次全国人大会议上通过这么多的法律，是前所未有的，在中国立法史上堪称奇迹。

其中，《中华人民共和国中外合资经营企业法》是中国对外开放方面的第一部法律。该法总结了历史经验和国内、国际的经验，用法律的形式把改革开放作为基本国策固定下来，表明中国对外开放、大力吸引外资和先进技术的决心，给外国投资者吃了一颗定心丸。

1982年第一次宪法修改

1980年8月18日，邓小平在中央政治局扩大会议上讲话时提出，中央正在考虑进行的重大改革，第一项就是将向全国人大提出修改宪法的建议。这个讲话，实际上为起草1982年宪法确定了重要的指导思想。

1982年4月22日，五届全国人大常委会第23次会议后公布了宪法修改草案，交付全国人民讨论了4个月。经

如何修宪？

邓小平在讲话中说："要使我们的宪法更加完备、周密、准确，能够切实保证人民真正享有管理国家各级组织和各项企业事业的权力，享有充分的公民权利，要使各少数民族聚居的地方真正实行民族区域自治，要改善人民代表大会制度，等等。

历了8次中共中央政治局和书记处的专门讨论，5次修宪委员会会议，几十部修改的稿本，近百处的补充修改，2年3个月的历程。

人民检察院恢复重建

1978年3月5日，第五届全国人民代表大会第一次会议通过了《中华人民共和国宪法》，其中规定重新设置人民检察院。

1978年6月1日，恢复重建后的最高人民检察院启用印信，正式办公。

1978年12月16日至27日，第七次全国检察工作会议在北京举行，这是检察机关恢复重建后的第一次全国性会议。中共中央政治局委员、中央纪律检查委员会第三书记胡耀邦同志到会做了重要讲话。他要求检察干部一定要坚持实事求是，坚持群众路线，坚持调查研究。

设立人大常委会法制工作委员会

在中共十一届三中全会精神的指引下，人大工作很快实现了历史性转折，把自己的工作重点放在加强社会主义民主和法制建设上来，为新时期的人大工作奠定了思想和理论基础。

1979年2月，第五届全国人大常委会第六次会议决定，成立第五届全国人大常委会法制委员会，任命彭真为主任，胡乔木等10人为副主任，委员有69人。

这是一个集中了全国法律方面和其他方面杰出人才的专业机构。1983年9月，根据第六届全国人大常委会第二次会议的决定将其改为全国人大常委会法制工作委员会。

律师辩护制度恢复

1978年，五届全国人大通过的《中华人民共和国宪法》

恢复刑事辩护制度，标志着"无法无天无律师"时代的结束，同时也吹响了重建律师制度的号角。

1979年7月1日，第五届全国人民代表大会第二次会议审议通过了《中华人民共和国刑法》和《中华人民共和国刑事诉讼法》，法制建设的曙光初现。为配合这两部法律的实施，各地开始由法院出面组建律师协会和司法局的工作，律师正式开始出现在法庭上。当时北京和安徽等地涌现出了首批律师。

1980年8月26日，第五届全国人民代表大会常务委员会第十五次会议审议通过了《中华人民共和国律师暂行条例》，正式恢复了中断20多年的律师辩护制度。

从20世纪80年代中期到90年代初，改革的重点从农村转移到城市。中共十二届三中全会明确指出："社会主义经济是公有制基础上的有计划的商品经济"，这是中国从计划经济走向社会主义市场经济的重要一步。

中共十三大提升了社会主义初级阶段理论，并在此基础上确立了党在社会主义初级阶段的基本路线。随着改革开放的不断推进，以公有制为主体、多种所有制经济共同发展的所有制结构逐步建立。

第二章
改革重心战略转移：从农村转向城市（1984—1992）

以城市为重点的经济体制改革加快步伐

为了制定全面改革的蓝图,加快改革的步伐,推动以城市为重点的整个经济体制的改革。1984年10月20日,中共十二届三中全会在北京召开,会议通过了《中共中央关于经济体制改革的决定》。该决定阐明了加快以城市为重点的整个经济体制改革的必要性、紧迫性,规定了改革的方向、性质、任务和各项基本方针政策。

该决定提出:"改革计划体制,首先要突破把计划经济同商品经济对立起来的传统观念,明确认识社会主义计划经济必须自觉依据和运用价值规律,是在公有制基础上的有计划的商品经济。商品经济的充分发展,是社会经济发

"下海经商"浪潮席卷全国

当时,人们普遍的思想观念是"捧铁饭碗、拿死工资"。然而,一部分有着强烈经商意识的人却不安于现状,开始把"铁饭碗"扔到了一边,一头扎入"商海"。有人将1984年称为中国的"公司元年","下海""停薪留职"也成为当时的流行词。

展不可逾越的阶段,是实现我国经济现代化的必要条件。只有充分发展商品经济,才能把经济真正搞活,促使各个企业提高效率,灵活经营,灵敏地适应复杂多变的社会需求,而这是单纯依靠行政手段和指令性计划所不能做到的。"

中共十二届三中全会对开展以城市为重点的经济体制改革进行了全面的研究和部署。此后,改革逐步从农村到城市,从政治、经济到各项事业。

城市经济体制综合改革:
从试点到扩大

沙市、常州:城市经济体制改革综合试点

1981年7月31日,国务院决定在湖北省沙市进行城市经济体制综合改革试点,拉开了中国以大中城市为中心的经济管理体制改革的序幕。

为加大试点力度,1982年10月,国家经济体制改革委员会召开了常州、沙市经济体制综合改革试点工作座谈会。之后,常州、沙市两市针对体制弊端,在生产、流通、分配、金融、科技、计划、物价等各个领域进行了不同程度的改革试验。

在工业企业中普遍推行经济责任制,并在部分小型工

业企业试行以税代利，按照专业化协作的原则和内在经济联系，分期分批对企业进行改组和联合。

根据计划经济为主、市场调节为辅的原则，对物资供应体制和企业经营制度进行改革，部分生产资料作为商品进入市场。有计划地分批放开小商品价格，实行随行就市或工商协商定价。

到 1982 年末，放开了四五百种小商品价格，同时开放了小商品批零市场。中国人民银行常州市支行还改革流动资金管理办法，实行有奖有罚的浮动利率，以此调动企业节约流动资金的积极性。这些改革举措在实施过程中产生了积极效果。

重庆计划单列

1983 年 2 月 8 日，中共中央、国务院联合发文，批准重庆市进行经济体制综合改革，计划单列，赋予其省一级经济管理权限。

1983 年 8 月 12 日，国家计委发文对重庆市计划单列问题做了明确规定。这是新中国成立后第三次对大城市实行计划单列管理的开端。

在重庆这样一个工业门类齐全、有雄厚的工业基础的大城市进行经济体制综合改革试点，对于进一步搞活和开发中国西南的经济，探索军工生产和民用生产相结合的新路子，以及推进以大城市为中心的经济体制改革，都具有重要意义。中国大城市经济体制综合改革试点阶段由此开始。

重庆计划单列的特点

较之前两次，从重庆市开始的第三次计划单列有几个明显的特点：

一是重庆市实行国家计划全面单列；

二是重庆市作为相当于省级计划单位在国家计划中单独列户头；

三是重庆市享有了相当于省一级的经济管理权限；

四是四川省属在渝企事业单位下放到重庆市管理；

五是重庆市行政上的四川省省辖市建制不变。

扩大武汉等城市经济体制综合改革试点范围

1984年4月16日至25日,国家经济体制改革委员会在常州召开经济体制改革试点工作座谈会。会议认为,沙市、常州、重庆等城市的实践表明,搞好城市综合改革试点,对于推动整个经济体制改革具有重要意义。

根据改革形势的需要,会议提出加快城市经济体制改革试点的步伐,简政放权、扩权企业,开放市场、搞活流通。探索城市新的计划管理体制,完善市领导县的新体制,增加一批改革试点城市等。

5月21日,中共中央办公厅、国务院办公厅批复同意在武汉市进行经济体制综合改革试点,实行计划单列。

7月11日、13日,国务院办公厅分别发出批文,同意在沈阳和南京、大连进行经济体制综合改革试点,并赋予沈阳、大连省级经济管理权限,实行计划单列。

10月5日,国务院批转国家计委、国家体改委的报告,同意哈尔滨、广州、西安恢复计划单列,并赋予其相当于省一级的经济管理权限。

推动横向经济联合

中共十一届三中全会以来,随着对内搞活经济、对外实行开放方针的贯彻执行,全国各地在企业扩权的基础上，开始形成和发展了不同层次、不同内容和多种形式的横向经济联合，发展横向经济联合成为城市改革的突破口。

1986年3月10日至16日，国务院在北京召开了第一次全国城市经济体制改革工作会议，部署1986年城市改革的任务。这次会议的主题词是"横向经济联系"。

3月23日，国务院发布了《关于进一步推动横向经济联合若干问题的规定》。这份文件，对横向经济联合的原则、目标，维护企业横向联合的自主权，改进计划管理和经济方法，促进物资的横向流通，加强生产与科技的结合，发展资金的横向融通，调整征税办法，保障经济联合组织的合法权益等，都做出了详细规定。此后，中国的企业兼并和企业集团的创建工作在国家的宏观指导下逐步展开，特别是企业间的横向联合取得了令人瞩目的进展。

农村改革由内转外,
城乡改革相互配合

取消统购派购

1984年11月,中央书记处会议在讨论时认为,建立家庭联产承包责任制后,农村流通体制改革滞后,导致农业生产发生了种种不协调的现象,特别是农产品统购派购制度,现在已不适应农村新的情况,成了束缚农业生产力发展的新因素。

1984年12月,全国农村工作会议在北京召开,万里在会上做了题为《把农村改革引向深入》的报告。报告指出,根据发展有计划的商品经济的要求,逐步改革农产品统购派购制度,建立并完善农产品市场体系,是农村第二步改

增产之路

家庭联产承包责任制在全国普遍推行后,1978年至1984年的7年时间,中国粮食总产量增长了1000亿公斤,走过了此前足足用了20年时间才走过的增产之路。

革的中心任务。

1985年1月,《中共中央、国务院关于进一步活跃农村经济的十项政策》发布。文件提出,改革农村流通体制,取消已经实行了30年的农副产品统购派购制度,还原农民土地经营者的身份。

同年,国务院制定的《国民经济和社会发展计划(草案)》中规定,在原已大幅度调减的农副产品计划收购项目中,继续从29种减到10种。4月12日,全国物价会议决定放开生猪收购价格,同时放开销售价格;5月17日,农业税改过去以征收实物为折征代金;6月1日,大中城市放开蔬菜供应价格。

改革上的勇敢一步

邓小平评价《中共中央、国务院关于进一步活跃农村经济的十项政策》：在改革上"迈出了相当勇敢的一步"。

首次放宽小城市和小城镇落户

1984年，《国务院关于农民进入集镇落户问题的通知》发布。文件规定，有经营能力、有固定住所或在乡镇企业单位长期务工的，公安机关应准予落常住户口。统计为非农业人口，吃议价粮，办理自理口粮户口簿和加价粮油供应证。这给了部分人以"迁徙自由"，农民由此获得了在城市合法生存的权利。

第一部土地管理法

1986年6月25日，第六届全国人大常委会第十六次会议通过并发布了《中华人民共和国土地管理法》，1987年1月1日起正式施行。这是新中国成立后颁布的第一部

国有土地使用权第一拍

1987年12月1日,深圳市第一宗土地公开拍卖正式举行,这也是中国首次以公开拍卖的方式有偿转让国有土地使用权。当时因为担心"拍卖"两个字可能会引起一些人的反感和非议,深圳市便把"拍卖"改称为"公开竞投"。

关于土地资源管理、全面调整土地关系的法律。

它的颁布是中国土地管理工作的重大转折和管理体制的根本性改革,从根本上开创了中国土地管理工作的崭新局面,实现了全国城乡土地统一管理制度,土地管理法律法规体系的框架初步形成,标志着中国土地管理工作开始纳入依法管理的轨道。

物资流通体制改革

长期以来,中国实行以产品分配调拨为主要形式的物资体制。中共十一届三中全会以后,经过几年的改革,缩减了国家指令性计划分配物资的种类和比重，扩大了企业和地方支配物资的自主权，多种形式、不同规模的生产资料市场开始建立。

1987年8月，国务院成立物资体制改革领导小组。物资体制改革领导小组提出《关于深化物资体制改革的方案》，该方案于1988年5月下发，被认为是中国物资流通体制改革的纲领性文件。

该方案提出，按照发展有计划商品经济的目标和"国家调节市场，市场引导企业"的机制模式。当时物资体制改革的重点：一是逐步取消国务院各部门管理物资的职能，将物资供应、销售机构并入物资部；二是在减少指令性计划的同时，全面推广石家庄市发展生产资料市场的经验；三是在一些城市由地方政府根据各自的情况，组织物资体制改革的试点。

改革中心环节：企业改革

国企大承包

1987年3月，六届全国人大五次会议通过的《政府工作报告》提出："今年改革的重点要放到完善企业经营机制上，根据所有权与经营权适当分离的原则，认真实行多种形式的承包经营责任制。"由此，中央第一次明确肯定了承包制。

1987年4月23日至27日，国家经委受国务院委托召开全国承包经营责任制座谈会。会议决定从当年6月份起，在全国范围普遍推行承包经营责任制。

1987年8月29日，国家经委、国家体改委印发《关

企业承包

截至1987年底,全国预算内工业企业承包面已达78%,其中大中型企业达到82%,承包一年以上的大中型企业占64%,众多的小企业也都实行了承包或租赁。

于深化企业改革、完善承包经营责任制的意见》。意见指出:实行承包经营责任制,必须坚持"包死基数、确保上缴、超收多留、欠收自补"的原则,兼顾国家、企业、职工三者利益。承包基数要体现鼓励先进、鞭策后进的原则。承包后新增加的留利,要大部分(一般70%以上)用于发展生产。

实行厂长负责制

1986年9月,中共中央、国务院颁发了全民所有制工业企业三个条例,即《全民所有制工业企业厂长工作条例》《中国共产党全民所有制工业企业基层组织工作条例》《全民所有制工业企业职工代表大会条例》。

在颁发三个条例的通知中明确指出：实行厂长负责制，必须保证厂长在企业生产经营重大问题上的决策权，突出厂长在行政指挥中的作用。要使企业行政、党组织和工会等群众组织的工作，都紧紧围绕生产经营这个中心，按照分工，加强各自职责范围内的工作，调动各方面的积极性。这三个条例拉开了深化全民所有制企业改革的大幕。

1986年12月5日，国务院出台《关于深化企业改革增强企业活力的若干规定》，明确提出未来一个时期深化全民所有制改革的办法和方向。该规定强调：要加快企业领导体制的改革，全面推行厂长（经理）负责制；继续缩减对企业下达的指令性计划。

该规定的出台是推动城市经济体制改革的重大步骤，对于进一步简政放权、改善企业外部条件、扩大企业经营自主权、促进企业内部机制改革，具有重要意义。

终结行政级别工资模式

自1978年以来，国家已多次改革工资制度，调整收入分配水平。1978年5月，国务院出台《关于实行奖励和计件工资制度的通知》，在有条件的企业试行奖励和计件工资改革。1979年,《中共中央、国务院批转〈全国物价工资会议纪要〉的通知》中决定给一部分机关、企事业单位职工调整工资。

1983年,《国务院批转劳动人事部关于一九八三年企业调整工资和改革工资制度问题的报告的通知》,规定企业工资制度与政府机关工资制度脱钩。

1985年1月5日,国务院印发《国务院关于国营企业工资改革问题的通知》,规定国营企业实行职工工资总额同企业经济效益按比例浮动,职工的收入与职工个人的贡献和企业的经营效果挂钩。扩大了企业在工资、奖金分配上的自主权。

与此相配套,1月24日,国家物价局、物资局联合发布《关于放开工业生产资料超产自销产品价格的通知》,无疑为提高企业经济效益打开了一条重要渠道。

6月4日,中共中央、国务院发布《关于国家机关和事业单位工作人员工资制度改革问题的通知》,提出逐步消除现行工资制度中的平均主义和其他不合理因素,初步建立能够较好地体现按劳分配原则、便于管理和调节的新工资制度。

7月,劳动人事部、财政部联合颁布了《国营企业工资试行办法》,以使工资改革规范化。这一改革措施,彻底结束了实行了几十年的行政级别工资模式。

私营经济入宪

1988年3月25日至4月13日,在第七届全国人民代表大会第一次会议上,《中华人民共和国宪法修正案》获得通过。

在此次通过的《宪法修正案》第十一条中增加了如下规定:"国家允许私营经济在法律规定的范围内存在和发展。私营经济是社会主义公有制经济的补充。国家保护私营经济的合法的权利和利益,对私营经济实行引导、监督

首家破产企业

1986年8月3日,沈阳市防爆器械厂,被沈阳市工商行政管理局正式宣布破产,成为新中国第一家破产的公有制企业。

沈阳的大胆尝试和理论突破,为后来在全国更大范围内建立企业的优胜劣汰机制,为《中华人民共和国企业破产法》的出台进行了有益的实践。

和管理。"

至此，宪法确认了事实上早已存在的私营经济，并赋予了私营经济以合法地位，中国社会主义现代化建设时期对私营经济的基本政策也由此确立。

6月15日，国务院发布《中华人民共和国私营企业暂行条例》，其中明确："本条例所称私营企业是指企业资产属于私人所有、雇工8人以上的营利性经济组织。"此后，经营者可以以私营企业身份进行工商登记。

随后《中华人民共和国私营企业所得税暂行条例》等行政法规也陆续颁布。与此同时，国务院有关部门还就私营企业的贷款、税收、财务管理、劳动管理等制定了部门规章，规范私营企业行为，为私营经济的发展创造了一个较好的法制环境，为各种企业营造公平的竞争环境起到了积极的促进作用。

股份制和资本市场开始建立

股份制试点——天桥百货

当社会还在争论股份制是姓"社"还是姓"资"的时候,北京天桥百货股份有限公司已经在进行着股份制改造的工作。

1983年,天桥商场在借鉴国外经验的基础上,结合国情,大胆选择了股份制公司这种与商品经济相联系的组织形式,借以实现自主经营、自负盈亏、自我改造和发展的一条新路。

天桥百货股份公司在经济体制改革中的率先突破,使其成为北京市第一家实行股份制的企业,同时也是中国第一家正式注册的商业股份制企业，还是中国第一家由国营企业转制为股份制的企业。它的成立，宣告了中国企业股份制改造的开始。股份制企业的出现，有力地推动了中国国有企业的改革，推动了中国经济水平的发展。

上海证券交易所成立

1986年，中国人民银行组织了全国13个分行的行长专门到日本野村证券进行为期一个月的学习。1986年11月，美国纽约证券交易所主席约翰·凡尔霖来华访问，其在与邓小平会见时把纽交所的徽章赠送给邓小平，而邓小平以一张飞乐音响股票作为回赠。

1990年11月26日，经国务院授权，中国人民银行批准上海证券交易所成立，这是新中国成立以来内地的第一家证券交易所。同年12月19日，上海证券交易所正式挂牌成立并开始正式营业，这标志着中国证券市场的正式诞生和股市的起步，中国资本市场发展史翻开了崭新的一页。

深圳证券交易所开业

深圳证券市场的起步最早应追溯到1986年。当时一些企业为了摆脱经营中的困境，进行了股份制改造。1988

中国改革开放决心不会变

朱镕基在上海证券交易所成立仪式上说:"建立证券交易所,表明中国改革开放的决心不会变。"

年4月1日,深圳发展银行在特区证券公司的柜台上开始了最早的证券交易。随后深圳市国投证券部和中行证券部相继开业。

1991年7月3日,经国务院授权、中国人民银行批准,深圳证券交易所正式开业,实现了股票的集中交易。当天上市的6种股票总成交量达99万多股,面额总数达470多万元。

价格改革：
起步——闯关——市场化

价格改革起步

1984年下半年，国务院进行了多次有关价格改革的讨论。同年12月24日中央书记处又做了专门研究，同意《国务院物价小组关于1985年价格改革方案的汇报提纲》，并指出："改革这种不合理的价格体系，是整个经济体制改革成败的关键。"

1985年4月12日，中央电视台播放了国家物价局局长成致平的长篇讲话录像，主要内容是关于1985年价格改革方案的说明。基本方针是：放调结合，小步前进。改革的重点主要是放开生猪收购价格和猪肉销售价格，调整农村粮食购销价格,适当提高铁路短途运价。这次价格改革的顺利推进,带来的过于乐观的预测,也为3年后的价格闯关埋下了伏笔。

价格改革闯关

1985年初,国家决定采取"软着陆"的方针,即用比较缓和的办法逐步使社会总需求和总供给恢复平衡。1985年2月至10月,国务院先后4次召开省长会议,以解决消费基金增长过猛、信贷规模过大、外汇使用过多以及控制固定资产投资规模等问题。主要措施是紧缩银根,控制

改革是中国的第二次革命

1985年3月28日,邓小平在会见日本自由民主党副总裁二阶堂进时阐述道:"现在我们正在做的改革这件事是够大胆的。但是,如果我们不这样做,前进就困难了。改革是中国的第二次革命。这是一件很重要的必须做的事,尽管是有风险的事。"

货币投放。这次"小调整"并没有达到预期效果。

在通货膨胀加剧的情况下，1988年夏季不适当地决定进行"价格闯关"，全面推进价格改革，放开价格，引起市场动荡，民心浮动。8月30日，国务院召开第20次常务会议，会议决定做好物价工作，稳定市场。同日，根据会议精神，国务院印发了《关于做好当前物价工作和稳定市场的紧急通知》。

9月下旬召开的中共十三届三中全会分析了当前的政治经济形势，批准了中央政治局向这次全会提出的治理经济环境、整顿经济秩序、全面深化改革的方针。

市场价格逐步替代计划价格

1992年，价格改革在广度和深度上，都迈出了重大步伐。国家物价局于1992年9月1日宣布，从当日起国家将571种生产资料产品定价权交给企业，同时将22种产品价格下放给省级物价部门，至此，由国家管理的物价品种剩下89种。这标志着国家放开价格管制，市场价格逐步替代计划价格，改革已进入新的阶段。

1992年，住房制度改革也在全国各地普遍推开，一半以上的大中城市提高了房租，医疗收费等改革措施也在多数地方起步推进。

>
>
> **"三大件"**
>
> "三大件"特指居家用品,随着时代不断更换内容,是经济飞速发展的侧影,承载着中国老百姓的特别记忆。20世纪70年代的"三大件"——手表、自行车、缝纫机,到80年代中后期,已经被彩电、冰箱、洗衣机所取代。

1992年的这些物价改革措施,有力地促进了中国向适应社会主义市场经济体制需要的、以市场形成价格为主的价格形成机制的转换,扩大了市场配置资源的范围,对培育中国社会主义市场经济体系,为企业创造公平竞争的外部环境、增强企业活力起到了积极的作用。

政治体制改革初步探索

中共十三大的召开和社会主义初级阶段基本路线的确立

1987年10月25日至11月1日,中国共产党第十三次全国代表大会在北京召开。中共十三大的中心任务是坚持和发展十一届三中全会以来的路线,加快和深化改革,进一步确定经济建设、经济体制改革和政治体制改革的大政方针,确定在改革开放中加强党的建设的基本路线。大会的突出贡献,是系统阐述了社会主义初级阶段的理论,明确概括了党在社会主义初级阶段的基本路线。

报告认为,社会主义初级阶段的任务是,逐步摆脱贫穷、落后,由农业人口占多数的手工劳动为基础的农业国,逐步变为非农业人口占多数的现代化工业国;由自然经济、半自然经济占很大比重变为商品经济高度发达。

大会明确提出了党在社会主义初级阶段的基本路线为"一个中心,两个基本点",即以经济建设为中心,坚持四项基本原则,坚持改革开放。它是党的十一届三中全会以来路线的继续、丰富和发展,是符合中国国情的理论阐释。

关于政治体制改革,大会指出,发展社会主义商品经济的过程,应该是建设社会主义民主政治的过程。不进行政治体制改革,经济体制改革不可能最终取得成功。党中央认为,把政治体制改革提上全党日程的时机已经成熟。

第二次国务院机构改革

1988年4月9日,七届全国人大一次会议通过了国务院机构改革方案,启动了新一轮的机构改革。这次机构改革首次提出了"转变政府职能是机构改革的关键"这一命题,改革着重于大力推进政府职能的转变,采取自上而下,先中央政府后地方政府,分步实施的方式进行。

数字看机构改革

通过此次机构改革,国务院部委由原有的45个减为41个,直属机构从22个减为19个,非常设机构从75个减到44个;在国务院66个部、委、局中,有32个部门共减少1.5万多人,有30个部门共增加5300人,增减相抵,机构改革后的国务院人员编制比原来减少了9700多人。

民主制度进一步完善

1982年的《中华人民共和国宪法》确认了村民委员会的法律地位,为村民自治提供了法律依据。1987年11月,六届全国人大常委会第二十三次会议审议通过了《中华人民共和国村民委员会组织法(试行)》,对村民委员会的性质、地位、职责、产生方式、组织机构和工作方式以及村民会议的权利和组织形式等做了全面的规定,从而使村民自治作为一项新型的群众自治制度和直接民主制度在法律上正式确立了起来。

"我是实事求是派"

1987年3月3日,邓小平会见美国国务卿乔治·舒尔茨时说:"国外有些人过去把我看作是改革派,把别人看作是保守派。我是改革派,不错;如果要说坚持四项基本原则是保守派,我又是保守派。所以,比较正确地说,我是实事求是派。"

1998年11月,第九届全国人大常务委员会第五次会议通过了正式的《中华人民共和国村民委员会组织法》,这是中国村民自治的根本性大法,它的制定、施行和修订,实现了村民自治从民主原则到公民行为的历史跨越,也是农村自实行家庭联产承包责任制后农村政治生活的最大变化。

1992年4月3日,第七届全国人民代表大会第五次会议通过《中华人民共和国全国人民代表大会和地方各级人民代表大会代表法》。《代表法》对代表的职权、义务,代表在会议期间的工作,代表在闭会期间的活动,代表执行职务的司法保障、时间保障、物质保障等方面做了全面规定。《代表法》的颁布实施，体现了中国民主政治建设的进步。为各级人大代表依法行使职权、履行义务、发挥作用，提供了更加具体、更加充分的法律保证。

多层次的开放格局初步形成

开放 14 个沿海港口城市：构建沿海对外开放的经济地带

中共中央、国务院于 1984 年 3 月 26 日在北京召开了沿海部分城市座谈会，会议决定：开放天津、上海、大连、秦皇岛、烟台、青岛、连云港、南通、宁波、温州、福州、广州、湛江、北海等 14 个沿海港口城市，建立经济技术开发区，以此带动整个沿海地带的开放和发展。由此，对外开放由经济特区的 4 个点连成 14 个沿海港口城市一条线。

1984 年底，根据沿海 14 个城市开放的进展，中共中央、国务院领导同志研究进一步扩展沿海开放地区，即把长江三角洲和珠江三角洲的一些市、县，开辟为沿海经济开放区，比照实行沿海开放城市的政策，以扩大出口贸易为导向，发展工农业生产，繁荣经济。从这两个三角洲取得经验后，可在适当时机扩大到北方的胶东半岛和辽东半岛。

1985年1月25日至31日，国务院在北京召开珠江、长江三角洲和闽南厦门、漳州、泉州三角地区座谈会。2月18日，中共中央、国务院批转《长江、珠海三角洲和闽南厦漳泉三角地区座谈会纪要》，建议将这三个地区开辟为沿海经济开放区。

在对外开放进程中，继经济特区、沿海开放城市之后，又产生了沿海经济开放区这个新的开放层次，有59个市、县纳入了这一序列。中国的对外开放在沿海从南到北次第铺开，初步形成从东到西有重点、多层次、梯度推进的格局。这是继举办经济特区之后第二次推出的重大举措。

开发开放上海浦东

1986年4月，上海市政府提出开发浦东的初步方案，并向中央上报《上海市城市规划方案汇报的提纲》。1986年10月，国务院在《国务院关于上海市城市总体规划方

特区是窗口

邓小平指出:"特区是窗口,是技术的窗口、管理的窗口、知识的窗口,也是对外政策的窗口。"

案的批复》中明确指出:"当前,特别要注意有计划地建设和改造浦东地区。要尽快修建黄浦江大桥及隧道等工程,在浦东发展金融、贸易、科技、文教和商业服务设施,建设新居住区,使浦东新区成为现代化新区。"

1990年4月18日,国务院总理李鹏代表党中央、国务院在上海正式宣布:"中共中央、国务院同意上海市加快浦东地区的开发,在浦东实行经济技术开发区和某些经济特区的政策。"6月,中共中央、国务院下发的《关于开发和开放浦东问题的批复》中指出,开发和开放浦东是深化改革、进一步实行扩大开放的重大部署。

浦东开发和开放,改变了中国改革开放的战略版图,丰富了中国改革开放的实践内涵,向世界显示了中国实行改革开放的决心,由此也拉开了中国20世纪90年代更高层次、更大范围的改革开放序幕。

海南建省办经济特区

1988年3月25日至4月13日,第七届全国人民代表大会第一次会议在北京召开。会议通过了《关于设立海南省的决定》。该决定指出:批准设立海南省,撤销海南行政区,海南省人民政府驻海口市;海南省管辖海口市、三亚市等和西沙群岛、南沙群岛、中沙群岛的岛礁及其海域。与此同时,会议还通过了《全国人民代表大会关于建立海南经济特区的决议》。以此为标志,海南省成立。同时,海南岛成为中国继深圳、珠海、汕头、厦门之后第五个经

"80年代看广东,90年代看浦东"

在邓小平的关怀和推动下,1990年4月18日,浦东开发的序幕正式拉开。邓小平指出:"上海是我们的王牌,把上海搞起来是一条捷径。"序幕一旦开启,浦东以前所未有的速度向前发展。90年代大家的口号逐渐由"要发财,下广东"变成了"80年代看广东,90年代看浦东"。

济特区,而且是最大的经济特区。

中共海南省委、海南省人民政府于1988年4月26日正式挂牌。5月4日,国务院发布《关于鼓励投资开发海南岛的规定》,对海南经济特区实行更加灵活开放的经济政策,授予海南省人民政府更大的自主权,其中包括土地有偿使用,矿产资源有偿开采,经中国人民银行批准设立外资银行、中外合资银行等政策。

海南建省办经济特区,是中国改革开放进程中的重

邓小平会谈时透露构想

1987年6月12日,邓小平在会见南斯拉夫客人斯特凡·科罗舍茨时说:"我们正在搞一个更大的特区,这就是海南岛经济特区。海南岛和台湾面积差不多,那里有许多资源,有铁矿、石油,还有橡胶和别的热带、亚热带作物。海南岛好好发展起来,是很了不起的。"这是邓小平第一次向全世界透露设立"海南岛经济特区"的战略构想。

要一步，海南由此展开了一系列在全国率先改革开放的试验。

积极参与"国际大循环"

1987年底，中央开始研究在对外开放上迈出更大步伐的措施。一些专家提出了实施沿海地区发展外向型经济战略，以积极姿态参与"国际大循环"的发展思路。

在这个思路的基础上，国务院向中共中央提交了《关

中国第一家麦当劳

1990年10月8日，中国内地第一家麦当劳餐厅在深圳市解放路光华楼西华宫正式开业，成为内地唯一一家能用港币和人民币支付的麦当劳。餐厅第一批员工仅有400多人。实在忙不过来了，公司不得不从香港临时调来500多名员工帮忙，每人每天要忙10个小时，还不能满足顾客要求。"

于加快沿海地区对外开放和经济发展的报告》。该报告指出，应该抓住国际产业转移的有利时机，发挥我国沿海地区劳务费用低、加工技术较高、对外交通便利等优势，开展加工出口贸易，积极走向国际市场；根据国民经济发展的需要，积极有效地兴办外商投资企业，利用外来资金、技术、信息和销售网络，优化生产要素组合，加快沿海经济的繁荣；同时也可给中西部让出部分原材料和市场，带动内地经济的发展。

教育、医疗和住房民生改革开始突破

教育体制改革拉开帷幕

1985年5月15日至20日，中共中央、国务院在北京召开了第一次全国教育工作会议，邓小平在闭幕式上做了题为《把教育工作认真抓起来》的重要讲话指出：各级领导要像抓好经济工作那样抓好教育工作。

1985年5月27日，《中共中央关于教育体制改革的决定》正式印发。该决定指出，教育体制改革的根本目的，是提高民族素质，多出人才、出好人才。1985年6月，六届全国人大常委会第十一次会议决定成立国家教育委员会，地方省、市、区教育厅（局）也相应改为教育委员会。

在学校内部，逐步推行校长负责制，在教师专业职务聘任上也实行了相应的改革。

这次教育体制改革以邓小平提出的"教育要面向现代化，面向世界，面向未来"为指针，确立了"教育必须为社会主义建设服务，社会主义建设必须依靠教育"的根本指导思想，对于促进教育努力适应社会主义建设以及经济、科技体制改革的迫切需求起到了极大推动作用。

职工医疗保险改革试点

1988年3月25日，由国家卫生部牵头，国家体改委、财政部、劳动人事部、总工会、组织部、医药管理局和人民保险公司等八个部门参加的医疗制度改革研讨小组正式

"科学技术是第一生产力"

1988年9月5日，邓小平在会见捷克斯洛伐克总统胡萨克时说："马克思说过，科学技术是生产力，事实证明这话讲得很对。依我看，科学技术是第一生产力。"

成立。其任务是负责提出劳保医疗和公费医疗制度改革方案并指导医疗改革试点。同年7月，该小组向国务院报送了《职工医疗保险制度改革设想（草案初稿）》。其中指出，医疗保险改革的目标是逐步建立符合国情，医疗费用由国家、单位、个人合理负担，社会化程度较高的多种形式的职工医疗保险制度。

1989年3月4日，国务院批转国家体改委《关于1989年经济体制改革要点的通知》。通知提出：在吉林省四平、辽宁省丹东、湖北省黄石、湖南省株洲，进行公费医疗保险制度改革试点；在深圳、海南进行社会保障综合改革试点（包括养老、待业、工伤和医疗）。这标志着中国医疗制度改革进入实质性阶段。

城镇住房制度改革全面推开

1988年1月15日，第一次全国住房制度改革工作会议在北京召开。会议宣布：从1988年开始，住房制度改革要在全国分期分批展开。这标志着中国住房制度改革进入了整体方案设计和全面试点阶段。

1988年2月25日，国务院印发了《关于在全国城镇分期分批推行住房制度改革实施方案的通知》。通知指出，从1988年起，用三、五年时间，在全国城镇分期分批把住房制度改革推开。

方案提出了中国城镇住房制度改革的目标是：按照社会主义有计划的商品经济的要求，实现住房商品化。方案还提出了中国城镇住房制度改革的若干具体政策：合理调整公房租金；从实际出发确定发住房券（补贴）的系数；理顺住房资金渠道，建立住房基金；坚持多住房多交租和少住房可得益的原则；积极组织公房出售；配套改革金融体制，调整信贷结构；对住房建设、经营在税收政策上给予优惠；加强房产市场管理。这标志着中国城镇住房制度改革开始全面推开。

随着城镇住房制度改革不断深入，传统的福利分房制度逐渐改变，中国城镇住房逐渐向社会化、市场化、商品化稳步过渡，符合市场经济机制的住房体制逐步建立。

企业职工养老保险制度改革

1991年6月，《国务院关于企业职工养老保险制度改革的决定》发布，确定社会养老保险费用由国家、企业、职工三方共同筹资，形成"基本养老金+企业补充养老金+个人商业养老保险"三支柱模式。在制度结构上，确定探索建立国家基本养老保险、企业补充养老保险和个人储蓄性养老保险相结合的多层次养老保险体系。

制定这个体系模式的目的是想通过企业补充养老保险和个人储蓄性养老保险的方式调动多方面的积极性，适当减轻国家的经济负担，并能够适当积累起一定的基金，促进经济发展。

1993年国务院发布《国务院关于机关和事业单位工作人员工资制度改革问题的通知》，实行职务级工资制。该规定成为现行公职人员养老制度的法律基础。

此后，企业人员的养老被推向社会，机关和事业单位人员的退休金仍由财政承担，"双轨制"自此开始。

以邓小平南方谈话和中共十四大提出建立社会主义市场经济体制的改革目标为重要标志，中国经济体制改革进入新阶段。

中共十四届三中全会通过的《中共中央关于建立社会主义市场经济体制若干问题的决定》，把中共十四大确定的经济体制改革的目标和基本原则加以系统化、具体化，是中国建立社会主义市场经济体制的总体规划，是90年代经济体制改革的行动纲领。

第三章 社会主义市场经济体制的建立（1992–2002）

建立社会主义市场经济体制的改革目标

邓小平南方谈话

受东欧剧变与苏联解体等国际形势的影响,"左"的思想在中国国内开始抬头,否定改革开放的观点也开始出现,改革一度出现了徘徊的局面。

1992年1月18日至2月21日,邓小平先后视察武昌、深圳、珠海、上海等地,历时35天,行程6000多公里,并发表了备受国内外关注的南方谈话。2月28日,中共中央以2号文件下发《关于传达学习邓小平同志重要谈话的通知》,向全党传达了邓小平的南方谈话。

邓小平在讲话中指出:"革命是解放生产力,改革也是解放生产力。推翻帝国主义、封建主义、官僚资本主义的反动统治，使中国人民的生产力获得解放，这是革命，所以革命是解放生产力。社会主义基本制度确立以后，还要从根本上改变束缚生产力发展的经济体制，建立起充满生机和活力的社会主义经济体制，促进生产力的发展，这是改革，所以改革也是解放生产力。过去，只讲在社会主义条件下发展生产力，没有讲还要通过改革解放生产力，不完全。应该把解放生产力和发展生产力两个讲全了。"

邓小平南方谈话，精辟地分析了国际国内形势，对中

邓小平谈深圳经验

1992年，邓小平视察深圳时说："深圳的经验就是敢闯。"1月20日，邓小平在国贸大厦旋转楼上看深圳，越看越高兴，所以就指着深圳的市容市貌说："深圳的建设有今天的这个成绩我都没想到，是说话说出来的吗，开会开出来的吗？不是的，干出来的，实实在在干出来的。"

共十一届三中全会以来改革开放和现代化建设的基本实践和基本经验进行了科学总结，从理论上深刻回答了长期困扰和束缚人们思想的许多重大认识问题，进一步阐明了改革开放的重大意义，阐述了建立社会主义市场经济理论的基本原则，对中国20世纪90年代的经济改革与社会进步起到了关键的推动作用，掀起了改革开放的新高潮。

中共十四大召开

1992年10月12日至18日，中国共产党第十四次全国代表大会在北京召开。中共中央总书记江泽民代表中共第十三届中央委员会向大会做了题为《加快改革开放和现代化建设步伐，夺取有中国特色社会主义事业的更大胜利》的报告，报告中明确指出，中国经济体制改革的目标是建立社会主义市场经济体制。

中共十四大的胜利召开，对全党进一步解放思想、加快改革开放和社会主义现代化建设的进程起了重大作用，标志着中国改革开放进入了新的历史阶段。

社会主义市场经济体制基本框架的确立

1993年11月11日至14日，中共十四届三中全会在北京举行。全会审议并通过了《中共中央关于建立社会主义市场经济体制若干问题的决定》。《决定》认为：中国改革开放和现代化建设事业进入了一个新的发展阶段。在20世纪末初步建立起新的经济体制，是中国共产党和中国人民在新时期的伟大历史任务。

《决定》指出，社会主义市场经济体制是同社会主义基本制度结合在一起的。建立社会主义市场经济体制，就是要使市场在国家宏观调控下对资源配置起基础性作用。

这一决定，是中国建立社会主义市场经济体制的总体规划，是20世纪90年代中国进行经济体制改革的行动纲领。

90年代国企改革攻坚

转换经营机制

1992年7月23日,国务院颁布《全民所有制工业企业转换经营机制条例》。《条例》颁布后,受到企业界的热烈欢迎,一股转换经营机制的热潮在各地兴起。

《条例》制定了深入进行企业内部和外部配套改革的各项规定,体现了以转换企业经营机制为重点,加快各项改革步伐的要求。

《条例》的颁布和实施,对于更好地保障《企业法》的贯彻实施,搞好全民所有制企业,使国民经济更好更快迈上一个新台阶,具有重要意义。

邓小平南方谈证券、股市

1992年初，针对股份制问题的争论，邓小平在南方谈话中指出："证券、股市，这些东西究竟好不好，有没有危险，是不是资本主义独有的东西，社会主义能不能用？允许看，但要坚决地试。看对了，搞一两年。对了，放开；错了，纠正，关了就是。关，也可以快关，也可以慢关，也可以留一点尾巴。怕什么，坚持这种态度就不要紧，就不会犯大错误。"

国有企业股份制改革试点全面展开

1992年2月29日至3月4日，国家体改委和国务院生产办公室联合在深圳召开股份制企业试点工作座谈会。会议交流了股份制企业试点工作的情况；研究了股份制经营方式对转换企业经营机制的作用；修改了《股份制企业组建和试点工作的规范意见》及配套的10项政策规定。随后，有关股份制的政策及法律法规相继出台。

建立现代企业制度

1993年，中共十四届三中全会通过的《中共中央关于建立社会主义市场经济体制若干问题的决定》，其中指出："建立现代企业制度，是发展社会化大生产和市场经济的必然要求，是中国国有企业改革的方向。"从1994年起，国有企业改革开始进入转换经营机制、建立现代企业制度的阶段。

1996年1月，国家体改委现代企业制度试点工作会议召开，会议要求抓紧落实已批复的《现代企业制度试点实施方案》，力求在解决重点和难点问题上取得实质性突破。

3月7日，国务院转发国家经贸委发布的《关于1996年国有企业改革工作的实施意见》。该意见要求，全面准确把握"产权清晰、权责明确、政企分开、管理科学"的现代企业制度基本特征，加大改革力度，使大多数国有大中型骨干企业在20世纪末初步建立起现代企业制度，成为自主经营、自负盈亏、自我发展、自我约束的法人实体和市场竞争主体。

12月6日，全国经贸工作会议在沈阳召开，会议提出集中精力打好现代企业制度试点、企业兼并破产、结构调整、扭亏增盈、治理"三乱"五个攻坚战。

1997年，中共十五大召开。十五大进一步明确了国有

四句话归纳现代企业制度

当时我们归纳出四句话：一是产权清晰，因为承包制产权分不清楚，所以公司制应该明确产权这个问题；二是责权分明，进一步划分责权；三是政企分开，主要是党政与企业关系怎么处理的问题；四是科学管理，解决企业内部怎么样进行科学管理、现代化管理。用这四句话来判断什么叫现代企业制度。

——张彦宁，原国家体改委副主任

企业改革方向，提出力争到20世纪末大多数国有大中型骨干企业初步建立现代企业制度。中共十五大后，以建立现代企业制度为重点的改革攻坚全面展开。

国有企业"抓大放小"

1995年9月，中共十四届五中全会通过《中共中央关于制定国民经济和社会发展"九五"计划和2010年远景目标的建议》，对国有企业改革提出了新的思路：一是转变经济增长方式；二是实行"抓大放小"的改革战略。

"抓大放小"的改革战略指出，要对国有企业实施战略性改组，要以市场和产业政策为导向，搞好大的，放活小的，把优化国有资产分布结构、企业组织结构同优化投资结构有机地结合起来。战略突出反映了国家要着眼于整体上搞好国有经济，而不再像以前那样拘泥于搞活每一户国有企业。

1996年，在"抓大"方面，国家确定了对1000户重点企业分类指导的方案。在"放小"方面，这一年出台了关于放开搞活国有小型企业的意见。各地采取了改组、联合、兼并、股份合作制、租赁、承包经营和出售等多种形式，把一大批小企业直接推向市场。

国企发展快

1990年至1995年，国有工业企业的总产值从13064亿元增加到31220亿元，平均每年增长18.4%

国企三年脱困

1997年1月，第三次全国工业普查结果出炉，国有企业三分之一呈亏损状态，整个国有企业集团已经资不抵债。

在这样的形势和环境中，1997年7月18日至24日，朱镕基副总理在辽宁考察国有企业时提出，要坚定信心，扎实工作，用三年左右时间使大多数国有大中型企业走出困境。

1997年在中共十五届一中全会上，江泽民进一步确认了三年改革与脱困的目标，力争到2000年底大多数国有大中型骨干企业初步建立现代企业制度。

三年脱困不是单纯的国有企业的改革与脱困，它是中国经济体制发展到特定阶段的一次总动员和大决战。三年脱困成功与否对于中国是否能够成功解决国有企业制度改革、市场机制培育以及所有制结构改革之间的协调问题具有重要意义。

经过三年大力度的改革和脱困，国有企业在体制机制建设上有重要进展：第一，国有企业退出市场的机制初步形成，渠道开始打通。第二，国有企业职工流动机制初步形成。三年中有2000多万名职工下岗，而其中大部分实现再就业。第三，国有企业职工逐步由"企业人"转变为

"社会人"。第四，国有企业由依赖政府注资走向依托资本市场。

国有企业战略性改组与经济布局调整

打破以垄断为目标的电信产业体制改革。随着电信与信息技术的飞速发展，国家通信主干网的初步建立，原来的垄断体制已经不能适应电信业进一步发展的要求。

1993年12月14日，国务院批准电子部、电力部、铁道部共同组建中国联合通信有限公司。中国联通的成立是电信业发展史上具有里程碑意义的事件，是中国基础电信业乃至国内垄断行业破除垄断、引入竞争的首例，标志着电信业的体制改革正式展开。

数据

国家经济状况好转

2000年国内生产总值达到8.7万亿元，主要工农业产品产量位居世界前列，商品短缺状况基本结束；进出口总额突破4000亿美元，比1995年增长40%以上。

《电力体制改革方案》出台。20世纪80年代，随着改革开放的不断深化，电力短缺成为制约经济发展的瓶颈，1995年，由于电力短缺未见明显缓解，独家办电的垄断体制弊端日益显露。中国开始实行多家办电，允许外商投资电力项目，使电力市场形成多元化投资主体，对电力发展起到重要推动作用。这个阶段被称为"第一轮电力体制改革"。

1997年1月，国家电力公司成立，被认为是第二轮电力体制改革的开始。进入2000年以后，社会各界对电力体制及行风问题的批评见诸媒体，引发了关于电力体制改革的公开大讨论。2002年3月，国务院正式批准了国家计委历经8个月调研论证后提出新的电力体制改革方案。10月，中国电力监管委员会成立。12月29日，原国家电力公司退出历史，其电网、电源及辅业资产相应被2家电网公司、5家发电集团公司和4家辅业集团公司所取代。

民航战略重组。2000年以前，中国的航空公司资产负债率高，中国民航管理体制和运营机制方面的一系列深层次问题逐步显现，难以适应日益激烈的市场竞争，战略重组势在必行。

2002年2月5日，民航重组方案正式出台。3月国务院批准《民航体制改革方案》。10月11日，民航三大航空

京九铁路全线开通

1996年9月1日上午9时13分,首列由北京西开往深圳方向的105次旅客列车,缓缓驶出北京西站站台。这标志着中国铁路建设史上规模最大、投资最多、纵贯南北九省市的国家重点工程——京九铁路全线正式开通运营。

集团公司和三大民航服务保障集团公司同时挂牌成立,标志着中国民航的重组基本完成。中国民航战略重组从产权改革入手,构造新的国有资产组织体系,打破旧的管理体制。组建有竞争活力的、建立在资本纽带联结基础上的股份制企业集团。内部实现规范的公司治理结构,外部实现有效的市场竞争。

国有大中型企业"债转股"

1999年是中国国有企业改革力度较大的一年。1999年11月,中共十五届四中全会后,围绕国企改革和脱困两大目标，实施债权转股权成为了国务院决定的搞活国有大中型企业、实现三年国企脱困的重大举措。

实行"债转股"是一项政策性很强的工作，要求把原来银行与企业间的债权债务关系，转变为金融资产管理公司与企业间的持股与被持股关系或控股与被控股关系，由原来的还本付息转变为按股分红。

1999年，经国务院批准，先后成立了信达、华融、长城、东方4家金融资产管理公司，作为投资主体，均是具有独立法人资格的国有独资金融企业，主要任务是对口处置大型国企的不良资产，推动有关重点国有企业走出困境。

建立市场导向的金融宏观调控体系

完善金融宏观调控体系

1993年12月25日,《国务院关于金融体制改革的决定》出台。该决定指出,深化金融体制改革,首要的任务是把中国人民银行办成真正的中央银行。

中国人民银行的主要职能是:制定和实施货币政策,保持货币的稳定;对金融机构实行严格的监管,保证金融体系安全、有效地运行。

该决定指出,要组建国家开发银行,管辖中国人民建设银行和国家投资机构;组建中国农业发展银行,承担国家粮棉油储备和农副产品合同收购、农业开发等业务中的政策性贷款，代理财政支农资金的拨付及监督使用；组建中国进出口信贷银行。

该决定强调，在政策性业务分离出去之后，现国家各专业银行要尽快转变为国有商业银行，按现代商业银行经营机制运行。

实行汇率并轨

1994年以前，人民币汇率由国家实行严格的管理和控制。其中，改革开放前，中国汇率体制经历了单一浮动汇率制、单一固定汇率制和以"一篮子货币"计算的单一浮动汇率制。中共十一届三中全会以后，中国的汇率体制从单一汇率制转为双重汇率制，经历了官方汇率与贸易外汇内部结算价并存、官方汇率与外汇调剂价格并存两个汇率双轨制时期。

1993年12月，国务院正式发布了《关于进一步改革外汇管理体制的通知》。1994年1月1日，人民币官方汇率与外汇调剂价格正式并轨，中国开始实行以市场供求为基础的、单一的、有管理的浮动汇率制。企业和个人按规定向银行买卖外汇，银行进入银行间外汇市场进行交易，形成市场汇率。中央银行设定一定的汇率浮动范围，并通过调控市场保持人民币汇率稳定。4月4日，银行间外汇市场正式运营。

中国的"金融立法年"

1995年被称为中国的"金融立法年"。

全国人大及其常委会先后颁布了"五法一决定",即《中华人民共和国中国人民银行法》《中华人民共和国商业银行法》《中华人民共和国担保法》《中华人民共和国票据法》《中华人民共和国保险法》《全国人民代表大会常务委员会关于惩治破坏金融秩序犯罪的决定》。

1995年3月18日,第八届全国人民代表大会第三次会议通过了《中华人民共和国中国人民银行法》。这是中国第一部由全国人大颁布的金融法律。该法规定,中国人民银行是中华人民共和国的中央银行。中国人民银行在国务院的领导下,制定和执行货币政策,防范和化解金融风险,维护金融稳定。

1995年6月30日,第八届全国人民代表大会常务委员会第十四次会议通过了《中华人民共和国保险法》。《保险法》的颁布实施,对于规范保险活动、保护当事人的合法权益、加强保险业的监管、促进保险业的健康发展,起到了十分重要的作用。2002年10月28日,人大又通过《关于修改〈中华人民共和国保险法〉的决定》。这是中国保险法的第一次修订。

人民币实现经常项目可兑换

1996年,国内经济"软着陆"逐步取得成效,国际收支形势趋好。中国抓住这一有利时机,进一步推进了外汇体制改革进程。

7月1日,外商投资企业的经常项目外汇收支纳入银行结售汇体系;居民因私兑换外汇的标准提高到每人每次可兑换2000美元;居民出境定居,其离退休金、退职金及抚恤金可全部兑换外汇;出入境展览、招商等非贸易经常性用汇的限制也被取消。12月1日,中国宣布实现人民币经常项目可兑换。实现人民币经常项目可兑换是中国外汇体制改革进程中的一个重大突破。

实现兑换第一年

1997年,实现经常项目可兑换后的第一年,全国进出口总值就比上年增加了12.2%,增速比1996年的3.2%提高了9个百分点。

中国人民银行实行跨省分行体制

1998年11月15日,中共中央、国务院做出决定,对中国人民银行管理体制实行改革,撤销省级分行,跨省(自治区、直辖市)设置9家分行。

1998年12月26日,中国人民银行发布《中国人民银行公告》。《公告》指出:"撤销中国人民银行各省、自治区、直辖市分行,在全国设立9个跨省、自治区、直辖市分行,作为中国人民银行的派出机构。"

这是中共中央、国务院深化金融改革的一项战略性决策,是中国金融体制的一项重大改革,有利于增强中央银行对金融机构监管的独立性,有利于增强货币政策的权威性,对建立现代金融体制具有重要意义。

中国证监会成立,《证券法》出台

1992年10月,国务院证券委员会和中国证券监督管理委员会宣告成立。中国证监会成立后,先后出台了《股票发行与交易管理暂行条例》《公开发行股票公司信息披露实施细则》《禁止证券欺诈行为暂行办法》《关于严禁操纵证券市场行为的通知》等一系列法规和政策。

1998年底全国人大还通过了《中华人民共和国证券法》,该法参照国外立法的经验,根据中国证券市场发展的实际情况而制定，以规范中国证券市场的操作和发展。该法对证券发行、交易、上市公司收购、证券交易所、证券公司、登记结算机构、交易服务机构、证券业协会、国务院证券监督管理机构和法律责任做了一系列规定。

中国证监会的成立和《证券法》的出台，标志着中国证券市场统一监管体制开始形成，标志着资本市场法规体系初步形成，资本市场开始逐步纳入全国统一监管框架并走上规范化轨道，证券市场法治化建设步入新阶段。

中国保监会成立

改革开放以来，中国保险业快速发展。保险在促进改革、保障经济、稳定社会、造福人民方面发挥着越来越重要的作用。加大保险业监管，促使保险业健康发展被提上日程。

在此背景下，1998年11月18日，中国保险监督管理委员会成立。保监会为国务院直属事业单位，是全国商业保险的主管机关，根据国务院授权履行行政管理职能，依照法律、法规统一监督管理保险市场。

2003年，银监会的成立标志着中国"一行三会"（中国人民银行、证监会、保监会、银监会）分业监管的金融格局正式确立。

保监会升正部级

2003年，国务院决定，将中国保监会由国务院直属副部级事业单位改为国务院直属正部级事业单位，并相应增加职能部门、派出机构和人员编制，内设16个职能机构和2个事业单位，并在全国各省、自治区、直辖市、计划单列市设有36个保监局，在苏州、烟台、汕头、温州、唐山市设有5个保监分局。

应对亚洲金融危机

1997年7月以后，面对周边许多国家货币大幅度贬值给人民币带来的巨大压力，中国政府承诺坚持人民币不贬值，确保人民币汇率稳定，在此前采取的一系列防范金融风险措施的基础上，有效地应对了金融危机，在此次金融危机中未受到直接冲击，并保持了国家金融和经济的持续稳定。

为缓解亚洲其他国家的金融危机，中国政府还采取了一系列积极措施,包括:一是积极参与国际货币基金组织对亚洲有关国家的援助。1997年金融危机爆发后,中国向泰国等国提供总额超过40亿美元的援助,向印度尼西亚等国提供了进出口信贷和紧急无偿药品援助。二是做出人民币不贬值的决定,承受了巨大压力,付出了很大代价。此举对亚洲乃至世界金融、经济的稳定和发展起到了重要作用。三是在坚持人民币不贬值的同时,采取努力扩大内需,刺激经济增长的政策,保持了国内经济的健康和稳定

亚洲金融危机

1997年7月2日,泰国宣布放弃固定汇率制,实行浮动汇率制,泰铢贬值,一场遍及东南亚的金融风暴由此爆发。当天,泰铢兑换美元的汇率下降了17%,外汇及其他金融市场一片混乱。此后,马来西亚、新加坡、日本和韩国等地迅速受到金融风暴的巨大影响。亚洲经济发展迅速放缓,一些经济大国开始出现经济萧条,甚至导致一些国家出现政治动荡。

增长,对缓解亚洲经济紧张形势、带动亚洲经济复苏发挥了重要作用。四是与有关各方协调配合,积极参与和推动地区和国际金融合作。

为有效防范和化解金融风险,中共中央、国务院决定对金融系统进行重大改革,同时采取扩大内需和积极的财政政策,以及鼓励出口和吸引外资等多项政策。1997年11月17日至19日,中共中央、国务院在北京召开第一次全国金融工作会议。会议提出:力争用三年左右时间大体建立与社会主义市场经济发展相适应的金融机构体系、金融市场体系和金融调控监管体系,基本实现全国金融秩序明显好转,化解金融隐患;要加快国有商业银行的商业化步伐,并健全多层次、多类型金融机构体系等等。

这种负责任的积极态度,既赢得了国际社会的声誉,也促进了中国金融业的平稳发展和国民经济的稳定增长,并对亚洲乃至世界金融和经济的稳定发展做出了积极的贡献。

对外开放开始全方位融入世界

中国"入世"

1986年7月10日,驻日内瓦代表团大使钱嘉东代表中国政府正式提出恢复中国在关税及贸易总协定中缔约方地位的申请。中国开始了与关贸总协定缔约国的双边谈判。

1992年10月,中美达成《市场准入备忘录》,美国承诺"坚定地支持中国取得关贸总协定缔约方地位"。

1995年关贸总协定更名为世贸组织,同年3月,中美在北京达成八点协议,美方同意在灵活务实的基础上进行中国"入世"的谈判,并同意在乌拉圭回合协议的基础上实事求是地解决中国作为发展中国家的地位问题。

1995年7月11日，中国正式提出加入世贸组织的申请，自此从复关转为入世。下半年，中国先后与新西兰、韩国、匈牙利、捷克、斯洛伐克、巴基斯坦等国就中国"入世"问题达成双边协议，并与智利、哥伦比亚、阿根廷、印度等国基本结束了"入世"双边市场准入谈判。11月，应中国政府的要求，"中国复关谈判工作组"更名为"中国入世工作组"。

1997年10月26日至11月2日，国家主席江泽民应邀访美，在与克林顿总统发表的联合声明中，中美两国认为，中国全面参加多边贸易体制符合双方的利益。为了实

解读

中国"入世"三原则

第一，根据权利与义务对等的原则承担与本国经济发展水平相适应的义务。

第二，以乌拉圭回合多边协议为基础，与有关世贸组织成员方进行双边和多边谈判，公正合理地确定入世条件。

第三，坚持以发展中国家身份入世，享受发展中国家的待遇。

江泽民谈"入世"

1998年6月17日,江泽民主席在接受美国记者采访时表示:第一,世贸组织没有中国参加是不完整的。第二,中国毫无疑问要作为一个发展中国家加入世贸组织。第三,中国的"入世"是以权利和义务的平衡为原则的。

现这一目标,双方同意加紧谈判。

1999年4月6日至13日,国务院总理朱镕基访美。期间中美签署《中美农业合作协议》,并就中国加入世贸组织发表联合声明,美方承诺"坚定地支持中国于1999年加入世贸组织"。

1999年5月8日,以美国为首的北约轰炸中国驻南斯拉夫联盟共和国大使馆。中美继续进行这一谈判的气氛不复存在,中方中止了中美关于中国加入世贸组织的双边谈判。此后,美方多次提出恢复谈判。在此情况下,中方审时度势,决定适时恢复谈判。9月11日,江泽民与克林顿在亚太经合组织领导人第七次非正式会议期间进行了会晤，中美恢复了双边谈判。

1999年11月10日至15日，中国政府代表团同美国政府代表团在北京就中国加入世界贸易组织（WTO）问题举行谈判。11月15日，双方签署中华人民共和国政府和美利坚合众国政府关于中国加入世贸组织的双边协议。至此，中美两国正式结束了双边谈判。

2001年9月13日，中国与墨西哥结束了关于中国加入WTO的双边谈判。中墨签署双边协议标志着中国完成了与世贸组织138个成员中提出谈判要求的36个成员的双边市场准入谈判。

2001年11月10日下午，世界贸易组织第四届部长级会议在卡塔尔首都多哈召开。会议以全体协商一致的方式，审议并通过了中国加入世贸组织的决定。

根据世贸组织规则，在2001年12月11日即提交批准书后30天后，中国加入世界贸易组织的各种法律法规性文件正式生效。至此，中国正式成为世界贸易组织的第143个成员，标志着中国全面重返世界经济舞台。

加入世贸组织，是中国改革开放和经济发展的自身需要，充分展示了中国顺应经济全球化潮流、主动参与国际竞争与合作的积极姿态。对中国国际经济合作和经济发展带来深刻的变化和影响,给中国经济的发展带来了前所未有的机遇,也给中国政府和企业带来了很大的挑战,大大促进了中国的改革开放进程,标志着中国对外开放由此进入了一个新的发展阶段。

扩大内陆开放

1992年,在沿海开放进一步深入的基础,国家进一步扩大内陆、沿江地区开放,初步形成了全方位开放的基本格局。这一年相继实施的开放政策如下:

一是扩大上海浦东开放。国务院给予上海浦东开发5项优惠政策:第一,授权上海市自行审批在外高桥保税区设立中资、外资从事转口贸易的外贸企业。第二,授权上海市自行审批浦东新区内国营大中型生产企业产品的进出口经营权。第三,扩大上海市有关浦东新区内生产性项目的审批权限。第四,扩大上海市有关浦东新区内生产性项目的审批权限,总投资在2亿元以下的,上海可自行审批。第五,授权上海市在中央核定的额度范围内自己发行股票和债券,同时允许全国各地发行的股票在上海上市交易。

二是开放内陆地区。第一,进一步对外开放黑龙江省黑河市、绥芬河市,吉林省珲春市和内蒙古自治区满洲里市等4个边境城市,加强对周边国家经济技术交流与合作。第二,建立中俄满洲里—后贝加尔斯克边民互市贸易区。

三是开放沿江地区。第一,开放长江沿岸芜湖、九江、岳阳、武汉、重庆5个内陆城市。至此,长江沿岸10个主要中心城市已全部对外开放。第二,对5个沿长江城市(重庆、岳阳、武汉、九江、芜湖),4个边境、沿海和11个内陆的省会(首府)城市,实行沿海开放城市政策。

四是扩大保税区、经济开发区范围。第一,设立大连保税区、广州保税区,面积分别为1.25平方公里和1.4平方公里。第二,设立昆山经济技术开发区,规划面积为10平方公里。第三,设立厦门象屿保税区,首期面积0.6平方公里。第四,海南省洋浦经济开发区国有土地使用权出让合同获批,面积为27.353平方公里,出让期限为70年。第五,海南省设立海口保税区,保税区以发展保税仓储、转口贸易及技术密集型的出口加工业为主,面积为1.93平方公里。该保税区实行比特区更加优惠的政策。第六,在苏州等25个城市增建国家高新技术产业开发区。第七,设立青岛、宁波、福州保税区,面积分别为2.5平方公里、2.3平方公里和1.8平方公里。

深化外贸体制综合配套改革

1991年至1993年,中国进行了以取消出口补贴、统一外汇留成为主要内容的外贸体制改革,使外贸领域的计划经济色彩进一步减弱,市场调节作用加强,使对外贸易得到迅速发展。

1994年1月11日,国务院出台了《关于进一步深化对外贸易体制改革的决定》,标志着新一轮的外贸体制综

博鳌亚洲论坛成立

2001年2月26日至27日,博鳌亚洲论坛成立大会在海南省琼海市博鳌镇举行。大会宣布博鳌亚洲论坛正式成立,海南博鳌为论坛总部的永久所在地。

作为一个非官方、非盈利、定期、定址、开放性的国际会议组织,博鳌亚洲论坛以平等、互惠、合作和共赢为主旨,立足亚洲,推动亚洲各国之间的经济交流、协调与合作;同时又面向世界,增强亚洲与世界其他地区的对话与经济联系。

合配套改革开始实施。《决定》提出中国外贸体制改革的目标是：统一政策、放开经营、平等竞争、自负盈亏、工贸结合、推行代理制，建立适应国际经济通行规则的运行机制。

这一轮外贸体制改革的实施，加速了中国对外贸易市场化的进程。彻底打破了以往国家经营对外贸易的体制，优化了资源配置和提高了资源使用的效益，对于中国建立和完善社会主义市场经济体制、促进国民经济持续快速健康发展具有重要意义。

《中国—东盟全面经济合作框架协议》签署

2002年11月4日，国务院总理朱镕基和东盟10国领导人共同签署了《中国东盟全面经济合作框架协议》，这标志着中国与东盟的经贸合作进入了一个新的历史阶段。

按照《框架协议》的规定，中国和东盟双方从2005年起开始正常轨道产品的降税工作。2010年，中国与东盟六国，即文莱、印度尼西亚、马来西亚、菲律宾、新加坡和泰国，将建成涵盖货物贸易的中国—东盟自贸区；2015年，中国和东盟新成员，即越南、老挝、柬埔寨和缅甸，将建成自贸区。届时，中国与东盟的绝大多数产品将实行零关税，取消非关税措施，双方的贸易将实现自

上海合作组织

2001年6月15日上午,中国、俄罗斯、哈萨克斯坦、吉尔吉斯斯坦、塔吉克斯坦、乌兹别克斯坦等六国元首举行会晤,共同发表《上海合作组织成立宣言》。上海合作组织是迄今唯一在中国境内成立、以中国城市命名、总部设在中国境内的区域性国际组织,成员国总面积近3018.9万平方公里,约占欧亚大陆面积的五分之三;人口约15亿,约占世界人口的四分之一。

由化。由于越南、老挝、柬埔寨三国尚未加入WTO,此外,中国同意给予越南、老挝、柬埔寨三个非WTO成员方以多边最惠国待遇,即中国加入WTO时的承诺也适用于这些国家。

中国—东盟自由贸易区是中国与WTO成员建立的第一个自由贸易区,是世界上人口最多的自由贸易区,也是发展中国家组成的最大的自由贸易区。

实施"引进来"和"走出去"相结合的开放战略

2002年11月8日,中共十六大召开,十六大报告提出实施"引进来"和"走出去"相结合的开放战略,积极参与国际经济技术合作和竞争,不断提高对外开放水平。

报告提出,全面提高对外开放水平,适应经济全球化和加入世贸组织的新形势,在更大范围、更广领域和更高层次上参与国际经济技术合作和竞争,充分利用国际国内两个市场,优化资源配置,拓宽发展空间,以开放促改革促发展。

依法治国战略的提出

1992年10月，中共十四大提出，中国经济体制改革的目标是建立社会主义市场经济体制。在此背景下，法治建设成为了建立社会主义市场经济体制的迫切要求，特别是保障改革开放、加强宏观经济管理、规范微观经济行为的法律和法规的制定和完善。

1993年3月，八届全国人大一次会议通过宪法修正案，阐述了中国正处于社会主义初级阶段，并把建设有中国特色社会主义的理论和改革开放、社会主义市场经济等以宪法根本大法的形式固定下来，确定社会主义市场经济在宪法中的地位，意味着中国将开始大规模完善各种经济法律法规,从而把以市场为取向的改革完全纳入以宪法为核心的法治体系中。

1996年2月8日,江泽民在中共中央举办的法制讲座上发表题为《依法治国,保障国家长治久安》的重要讲话,明确指出:"加强社会主义法制建设,依法治国,是邓小平同志建设有中国特色社会主义理论的重要组成部分,是党和政府管理国家和社会事务的重要方针。"

八届人大第四次会议通过的《中华人民共和国国民经济和社会发展"九五"计划和二〇一〇年远景目标纲要》中规定:"加强社会主义民主和法制建设,使社会主义民主制度化、法律化,保障人民当家作主的权力""依法治国,建设社会主义法制国家"。

1997年9月,中共十五大全面总结中国经济、政治、文化、社会建设的成功经验,深刻分析国际和国内的形势,把依法治国确立为中国共产党党领导人民治理国家的基本治国方略。

1999年3月,第九届全国人民代表大会对1982年宪法进行修改,将法治与法治国家予以宪法确认:"中华人民共和国实行依法治国,建设社会主义法治国家。"这标志着中国成功实现了从计划经济条件下主要依政策治国向社会主义市场经济条件下主要依法律治国这一治国理政模式的根本转变。

2001年3月,九届全国人大四次会议通过的《国民经济和社会发展第十个五年计划纲要》进一步指出:"依法治国,建设社会主义法治国家,是社会主义现代化的重要目标",从而将依法治国从治国方略的手段层次,上升为实现社会主义现代化的重要目标层次,使建设社会主义法治国家成为中国现代化建设与法治建设的目标和方向。

2002年11月,中共十六大明确提出,发展社会主义民主政治,最根本的是要把坚持党的领导、人民当家作主和依法治国有机统一起来。党的领导是人民当家作主和依法治国的根本保证,人民当家作主是社会主义民主政治的本质要求,依法治国是党领导人民治理国家的基本方略。"三者有机统一"是社会主义政治文明的本质特征,是发展社会主义民主政治、建设社会主义法治国家必须始终坚持的政治方向。

政府改革：
效率、公开和法治化

1993、1998年政府机构改革

1993年3月15日至31日，第八届全国人民代表大会第一次会议在北京召开。会议审议通过了《关于国务院机构改革方案的决定》。开启了中国第三次政府机构改革。

这次改革的指导思想是：适应建立社会主义市场经济体制的要求，按照政企职责分开和精简、统一、效能的原则，转变职能，理顺关系，精兵简政，提高效率。

90年代末，随着中国在市场经济的基础上全面推行可持续发展战略，随着社会生活的丰富化、多元化，旧的政府管理模式与新的市场经济、新的社会生活之间的深层次矛盾已经浮现并日趋突出。政府行政改革已经成为下一个世纪初期中国实现可持续发展的迫切需求。

1998年3月10日，第九届全国人民代表大会审议、批准了《国务院机构改革方案》。这次改革的重点是调整和撤销那些直接管理经济的专业部门，加强宏观调控和执法监管的部门。

行政体制法治化建设

1993年4月24日，国务院第二次常务会议通过《国家公务员暂行条例》。《条例》从公务员的义务与权利、职位分类、录用、考核、奖励、纪律、职务升降、职务任免、工资保险福利等18个方面进行了系统的规定。这是中国政府机关人事管理逐步走向科学化、法治化的总章程，是建立和推行国家公务员制度的总的法律依据。它的出台，标志着中国公务员制度的正式诞生，也是中国人事行政管理法治化的一个根本标志。

1994年5月，《中华人民共和国国家赔偿法》通过，它确立了以行政赔偿为核心的国家赔偿制度，使宪法的有关规定得到了落实，《国家赔偿法》主要是为与《行政诉讼法》配套实施而制定的。

1995年10月，经过长时间的酝酿之后，国务院还颁布了《信访条例》。这是中国第一部规范性信访法规，标志着中国信访制度开始从行政命令管理走上依法管理的法制化轨道，是中国行政法制建设和信访制度法制化建设过程中的重要里程碑。

1996年至1999年，中国还相继通过了《中华人民共和国行政处罚法》《中华人民共和国行政监察法》《中华人民共和国行政复议法》，中国的行政法制体系进一步健全。

2002年6月29日，《中华人民共和国政府采购法》出台。该法的通过和实施，标志着中国政府采购制度步入了法制化的轨道。

这一时期部门行政法律、法规的数量倍增，制定了《税收征收管理法》和《律师法》等多部重要的法律、法规。这一时期的行政法制建设，在强调行政管理法制化的同时，更加关注对公民权利的保障和对行政权行使的规范制约。

行政审批制度改革全面启动

1992年，中共十四大确立了建立社会主义市场经济体制的目标，为进一步解放和发展生产力，行政审批制度改革侧重于经济领域，把许多投资项目由审批制逐步改为登记备案制。

"发展才是硬道理"

1992年1月18日至2月21日,邓小平在武昌、深圳、珠海、上海等地视察,其间发表了重要讲话,其中谈到"要抓住时机,发展自己,关键是发展经济","要注意经济稳定、协调地发展,但稳定和协调也是相对的,不是绝对的。发展才是硬道理。这个问题要搞清楚"。"发展才是硬道理"由此传播开来。

2001年10月6日,《国务院关于废止2000年底以前发布的部分行政法规的决定》颁发。10月18日,国务院批转《关于行政审批制度改革工作的实施意见的通知》明确了行政审批制度改革的指导思想、总体要求、基本原则和实施步骤。

共享发展成果的民生改革格局逐步形成

实施科教兴国战略

1992年10月,十四大报告提出要把教育放在优先发展的战略地位,各级政府要增加教育投入,鼓励多渠道、多形式的社会集资办学和民间办学,改变国家包办教育的做法。

1993年2月13日,中共中央、国务院印发《中国教育改革和发展纲要》,制定了中国教育90年代发展的目标、战略和指导方针。这是中国改革开放时期具有重要指导意义的教育改革与发展决策性文件。

其中提出中国教育发展的总目标可分为五个方面:一

高等院校扩招

国家计划发展委员会和教育部于1999年6月16日联合发出紧急通知，决定1999年中国高等教育在年初扩招23万人的基础上，再扩大招生33.7万人。1999年全国普通高等院校招生人数增加51.32万人，招生总数达159.68万人，增长速度达到史无前例的47.4%。

是全民受教育的水平有明显提高；二是城乡劳动者的职前、职后教育有较大发展；三是各类专门人才的拥有量能基本上满足现代化建设的需要；四是形成具有中国特色的面向21世纪的社会主义教育体系的基本框架；五是在上述几个方面的基础上，再经过几十年的努力建立起比较成熟和完善的社会主义教育体系，实现教育现代化。

此后1995年3月18日，第八届全国人民代表大会第三次会议审议通过《中华人民共和国教育法》，为中国教育立法。

1995年5月，中共中央、国务院做出《关于加速科学技术进步的决定》，动员全党和全社会实施科教兴国战略，加速全社会科技进步，全面落实科学技术是第一生产力，决定的出台标志着中国正式提出了科教兴国战略。

完善城镇社会保障体系

随着中国改革开放的大力推行，计划经济体制下的国家—单位保障制度已经不能适应经济和社会发展的需要。

1993年11月，中共十四届三中全会提出实行社会统筹与个人账户相结合的基本制度，确定了统筹基金现收现付、个人账户基金完全积累的制度模式，探索出了适合国情的养老保险制度，明确提出了建立多层次的养老保险体系。

1995年3月，国务院发布了《关于深化企业职工养老保险制度改革的通知》，文件确定建立社会统筹与个人账户相结合的养老保险新模式。1997年7月，国务院《关于建立统一的企业职工基本养老保险制度的决定》颁布，从三个方面强调实行统一制度，即统一企业和个人缴费比例、统一个人账户规模和统一养老金计发办法。这个文件的颁布，标志着中国以"统账结合"模式为特征的养老保险制度的形成。

进入商品房时代

1994年7月18日，国务院印发《国务院关于深化城镇住房制度改革的决定》。决定明确提出："城镇住房制度改革作为经济体制改革的重要组成部分，其根本目的是：建立与社会主义市场经济体制相适应的新的城镇住房制度，实现住房商品化、社会化；加快住房建设，改善居住条件，满足城镇居民不断增长的住房需求。"决定的最大意义在于稳步推进公有住房的出售，通过向城镇职工出售原公有住房，逐步完成了中国住房私有化的进程。

这份文件还第一次明确提出了城镇住房制度改革作为经济体制改革的重要组成部分，按住房商品化、市场化、社会化思路，全面设计房改的目标、原则和主要内容，从而把城镇住房制度改革推向了全新的发展阶段。决定开启了城镇住房制度正式改革之路，开启了城镇住房商品化的大门，标志着中国全面推进住房市场化改革的确立。此后，各地纷纷制订本地区的房改实施方案，在建立住房公积金、提高公房租金、出售公房等方面取得较大进展。

1998年6月15日至17日，全国城镇住房制度改革与住宅建设工作会议召开，会议提出了深化城镇住房制度改革的指导思想。7月3日，《国务院关于进一步深化城镇住房制度改革加快住房建设的通知》发布，提出从1998

改革开放政策不变

1989年5月,邓小平在同中央负责同志谈话时指出:改革开放政策不变,几十年不变,一直要讲到底。

年下半年开始,全国城镇停止住房实物分配,逐步实行住房分配货币化。全面推行和不断完善住房公积金制度。到1999年底,职工个人和单位住房公积金的缴交率应不低于5%,有条件的地区可适当提高。

《通知》的发出,宣告了福利分房制度的终结和新的住房制度改革的开始,正式开启了以"取消福利分房,实现居民住宅货币化、私有化"为核心的住房制度改革。从此,中国真正进入了商品房时代。

深化医疗卫生体制改革

20世纪90年代初,"建设靠国家,吃饭靠自己""以工助医、以副补主"等卫生政策,刺激了医院创收,也影响了医疗机构公益性的发挥,导致"看病问题"突出,群众反映强烈，进一步深化医疗卫生体制改革迫在眉睫。

1994年4月14日，国家体改委、财政部、劳动部、卫生部共同制定了《关于职工医疗制度改革的试点意见》，经国务院批准，在江苏省镇江市、江西省九江市进行了试点，即著名的"两江试点"。

12月，镇江市、九江市的职工医疗保障制度改革试点正式启动。"两江试点"的重点是实现机制转换，建立医疗保险"统账结合"（社会统筹与个人账户相结合）的城镇职工医疗保险模式。这一模式，经过扩大试点社会反映良好。与此同时，全国不少城市按照"统账结合"的原则，对支付机制进行了改革探索。

1997年1月15日，《中共中央、国务院关于卫生改革与发展的决定》发布，要求积极推进医药卫生体制改革，建立医药分开核算、分别管理的制度，形成医疗服务和药品流通的竞争机制，加强医疗机构和药店的内部管理等。

1998年12月14日，《国务院关于建立城镇职工基本医疗保险制度的决定》发布，在全国范围内推开城镇职工医疗保险制度改革，建立覆盖全体城镇职工、社会统筹和个人账户相结合的基本医疗保险制度，确定了中国医疗保险制度改革的基本目标、基本原则和主要政策。从1999年初开始启动，1999年底基本完成。

《决定》的发布，标志着中国城镇医疗制度改革正式启动。中国职工医疗保障制度改革进入新的阶段，变计划经济条件下国家（企业）对职工医疗保障的"大包大揽"的无限责任为"有限责任"。

卫生医疗体制从1998年开始推行"三项改革"，即医疗保险制度改革、医疗卫生体制改革、药品生产流通体制改革。2000年国务院专门召开会议就"三改并举"进行部署。

2000年2月21日，国务院印发《关于城镇医药卫生体制改革的指导意见》，全面启动医改。此次医改主要措施包括：将医疗机构分为非营利性和营利性两类进行管理；扩大基本医疗保险制度覆盖面；卫生行政部门转变职能，政事分开，实行医疗机构分类管理；改革药品流通体制，实行医药分家等。这些措施被解读成为完全"市场化"的医改开了绿灯。

此后卫生部等部门相继下发《医疗机构药品集中招标采购试点工作若干规定》《关于城镇医疗机构分类管理的实施意见》《关于改革医疗服务价格管理的意见》以推进医改。

乡镇企业改革：
90年代初期中国农村的亮点

《中共中央关于进一步加强农业和农村工作的决定》通过

1991年11月25日至29日，中共十三届八中全会召开。会议主要讨论通过《中共中央关于进一步加强农业和农村工作的决定》。

《决定》第一次明确以家庭联产承包为主的责任制、统分结合的双层经营体制作为中国乡村集体经济组织的一项基本制度长期稳定下来，并不断充实完善，不能有任何的犹豫和动摇。

进一步稳定和完善农村基本经营制度

1993年,"家庭联产承包责任制"正式被写进《宪法》修正案,成为一项国家的基本经济制度,这是家庭联产承包责任制在法律上的又一重要支撑。

1995年3月28日,国务院批转农业部《关于稳定和完善土地承包关系的意见》;1997年8月27日,《中共中央办公厅、国务院办公厅关于进一步稳定和完善农村土地承包关系的通知》出台,这两个文件明确家庭联产承包为主的责任制、统分结合的双层经营体制,作为一项基本制度长期稳定下来,提出在土地承包期15年到期后,继续延长30年保持不变。

2001年中共中央下发《关于做好农户承包地使用权流转工作的通知》,允许土地使用权的合法流转,土地的"两权分离"向"三权分置"发展。

经过一系列土地制度改革尝试,如"两田制""增人不增地、减人不减地""大稳定、小调整"等形式基础上,将"增人不增地、减人不减地"确立为农村土地制度改革的主要模式,保持农村土地制度的基本稳定。

乡镇企业加快产权制度改革

1992年以后,在邓小平南方谈话和中共十四大的政策导向下，中国经济再次进入高速增长的时期。乡镇企业通过积极采用高新技术，不断扩展国际市场，保持了良好的发展势头，经营实力不断增强，经营规模不断扩大，正在从数量型增长向质量型增长转变。

1992年3月18日，国务院批转农业部《关于促进乡镇企业持续健康发展报告》的通知。1992年至1996年，乡镇企业经历了第二个高速增长时期。乡镇企业通过加快产权改革、调整产业结构和产品结构、加快技术进步、改善内部管理等，获得了空前发展。

1997年1月1日，中国历史上首部保护和规范乡镇企业行为的《中华人民共和国乡镇企业法》正式实施，这标志着乡镇企业的规范和管理逐步进入法制化轨道。

1997年至2001年，受亚洲金融危机的影响，尤其是中国经济格局正在从卖方市场过渡到买方市场，乡镇企业发展速度放缓。鉴于外部激烈的竞争环境，乡镇企业加大了产权制度改革的力度。这场以产权制度改革为核心的乡镇企业改革，促使乡镇企业逐步成长为自主经营、自负盈亏、自我约束、自我发展的企业法人主体和市场竞争主体，为乡镇企业建立现代企业制度奠定了基础。

中共十六大确立完善社会主义市场经济体制的总体目标以及中共十六届三中全会以来，中国经济体制改革在理论和实践上取得重大进展。社会主义市场经济体制改革目标基本完成，公有制为主体、多种所有制经济共同发展的基本经济制度极大完善，城乡统筹一体化的新体制初步确立，统一开放竞争有序的现代市场体系基本建立，市场在资源配置中起到了越来越大的基础性作用，就业、收入分配和社会保障制度改革进一步深化，经济、社会、政治、文化、生态文明建设的协调可持续发展的机制初步构建，全方位、宽领域、多层次的对外开放格局基本形成，成为世界经济贸易投资增长的最大贡献者。

第四章

社会主义市场经济体制逐步完善（2002–2012）

更大程度地发挥市场在资源配置中的基础性作用

中共十六届三中全会召开

进入21世纪,随着社会主义市场经济体制的初步建立和逐步完善,中国经济迅速发展,开放程度日益扩大。与此同时,经济学界开始关注与研究社会主义市场经济的特点和内在规律,为党和政府决策提供理论依据和智力支持。

在这样的背景下,中共十六届三中全会通过的《中共中央关于完善社会主义市场经济体制若干问题的决定》,明确了完善社会主义市场经济体制的目标和任务以及深化经济体制改革的指导思想和原则。

社会主义与市场经济的结合是一项具有划时代意义的理论创新,而提出"更大程度地发挥市场在资源配置中的基础性作用"则标志着中国对经济改革理论和实践的认识达到一个崭新的阶段。

"加快转变经济发展方式"为主线的"十二五"规划

2010年10月15日至18日,中国共产党第十七届中央委员会第五次全体会议在北京举行。会议审议通过了《中共中央关于制定国民经济和社会发展第十二个五年规划的建议》。

《建议》强调,"十二五"时期,是全面建设小康社会

重要的进步

> 国家宏观调控就是要使用行政手段,而中共十六届三中全会提出的是"更大程度上发挥市场在资源配置中的基础性作用",这是很重要的一个进步。
>
> ——高尚全,原国家体改委副主任

中国成为世界第二大经济体

国际货币基金组织发布的数据显示,2010年世界国内生产总值(GDP)排名前5位的国家分别是:美国、中国、日本、德国、法国。由此,中国成为世界第二大经济体。

的关键时期,是深化改革开放、加快转变经济发展方式的攻坚时期。

《建议》强调,以加快转变经济发展方式为主线,是推动科学发展的必由之路,符合中国基本国情和发展阶段性新特征。加快转变经济发展方式是中国经济社会领域的一场深刻变革,必须贯穿经济社会发展全过程和各领域,提高发展的全面性、协调性、可持续性,坚持在发展中促转变、在转变中谋发展,实现经济社会又好又快发展。

全面建设小康社会纲领和科学发展观

中共十六大明确提出全面建设小康社会的目标

1982年9月，中共十二大把小康作为主要奋斗目标和中国国民经济和社会发展的阶段性标志。1987年10月，中共十三大正式将实现小康列为"三步走"发展战略的第二步目标。

2000年10月，中共十五届五中全会提出，从新世纪开始，中国进入了全面建设小康社会，加快推进社会主义现代化的新的发展阶段。

2002年11月8日至14日，中共十六大在北京召开。大会审议和通过了江泽民代表第十五届中央委员会所做的

翻两番的小康社会

1984年,邓小平在会见日本首相中曾根康弘时谈话,提出"翻两番,国民生产总值人均达到八百美元,就是到本世纪末在中国建立一个小康社会。"

《全面建设小康社会,开创中国特色社会主义事业新局面》的报告。

中共十六大所确立的全面建设小康社会的目标,进一步明确了今后二十年全面建设小康社会的任务。

确立科学发展观:全面发展、协调发展、可持续发展

2003年,中国人均国内生产总值突破1000美元,进入了国际上通常所说的工业化关键时期。这个时期既是"发展机遇期",又是"矛盾凸显期"。准确认识和切实解决中国在发展关键时期的突出矛盾和问题,是中共理论创新面临的重大课题。

2003年7月28日,在全国防治"非典"工作会议上,胡锦涛全面总结了抗击"非典"斗争的经验和从中获得的深层次理论认识。他在讲话中首次使用了"全面发展、协调发展、可持续发展的发展观"的表述。

2003年10月，中国共产党十六届三中全会审议通过了《中共中央关于完善社会主义市场经济体制若干问题的决定》，明确提出"坚持以人为本，树立全面、协调、可持续的发展观，促进经济社会和人的全面发展"，强调"按照统筹城乡发展、统筹区域发展、统筹经济社会发展、统筹人与自然和谐发展、统筹国内发展和对外开放的要求"，推进改革和发展。

2007年10月15日至21日，中国共产党第十七次全国代表大会在北京召开。胡锦涛指出："新时期最鲜明的特点是改革开放。""改革开放作为一场新的伟大革命，不可能一帆风顺，也不可能一蹴而就。最根本的是，改革开放符合党心民心，顺应时代潮流，方向和道路是完全正确的，成效和功绩不容否定，停顿和倒退没有出路。"

以国有资产管理改革为重点推动国企改革

完善国有资产管理制度

2002年,中共十六大提出,"建立中央政府和地方政府分别代表国家履行出资人职责,享有所有者权益,权利、义务和责任相统一,管资产和管人、管事相结合的国有资产管理体制",要求"国有资产授权经营体制"改革。

2003年3月,十届全国人大一次会议批准设立国务院国有资产监督管理委员会,加强对企业国有资产的集中统一监管。国资委监管中央所属企业(不含金融类企业)的国有资产,独立行使国家所有权权利的主体,国资委代表国家行使所有权权利主体的单独设立,较好地解决了政资不分的问题。此时，各政府行政部门包括国家经贸委不再对国有企业直接行使权利，国有企业统一由国资委进行监督管理，资出多门的问题也得到初步解决。

5月13日召开的国务院常务会议，原则通过了《企业国有资产监督管理机构暂行条例》，该条例将国有资产范围限定为企业国有资产。对政府授权履行出资人责任的机构的权利、义务和责任做了全面规定。明确了国家出资企业的范围，对国家出资企业的治理结构及经营自主权利。对履行出资人责任的机构依法对国家出资企业的管理者的选择和考核做出了规定。对出资人享有的决定或者参与决定国家出资企业的重大事项的权限和程序规则做了全面规定，确立了国有资产经营预算制度，从法律上保障国家作为出资人的收益权。

该条例在中国特色社会主义法律体系中占有重要的地位，是在社会主义市场经济条件下，维护国家基本经济制度，促进国有经济的巩固和发展，保障国有资产安全，维护国有资产出资人权益的一部重要法律。它的出台不仅为企业国有资产的监督管理提供了法律依据，也推动了省、市（地）国有资产监督管理机构的建立，标志着中国国有资产管理体制改革取得重大突破，进入了新的阶段。

中国成功举办上海世界博览会

2010年4月30日晚,2010年上海世博会开幕式在上海隆重举行,主题是"城市,让生活更美好"。这是中国继北京奥运会后举办的又一国际盛会,是中国第一次举办世界博览会,也是第一次在发展中国家举办的注册类世界博览会。

国有企业扩大股份制改造

为了实现完善现代企业制度,继续扩大股份制改造面,实现股权多元化,明晰产权关系,成为了这个时期国有企业改革的一项重要工作。这期间无论是国有中央企业或地方企业的股份制改造面都在扩大。

2005年4月29日,经过国务院批准,中国证监会发布了《关于上市公司股权分置改革试点有关问题的通知》,确立了"市场稳定发展、规则公平统一、方案协商选择、流通股东表决、实施分步有序"的操作原则,股权分置改革试点正式启动,处理了过去股份制改造中遗留下的股权分置问题。

2011年，国有企业股份制改造面提高到80%。这期间不仅垄断行业（如电力、电信、民航等），而且在国民经济中处于中枢地位的银行业的股份制改造都取得了突破性进展。伴随中国事业单位改革的发展和文化事业的产业化，众多原来的国有事业单位也转变为公司制的企业。

鼓励民间投资参与国企改制重组

为落实国务院要求，积极鼓励和引导民间投资参与国有企业改制重组，国资委2012年5月25日发布了《关于国有企业改制重组中积极引入民间投资的指导意见》。《意见》提出了符合国家对国有经济布局与结构调整的总体要求和相关规定的前提下，遵循市场规律，尊重企业意愿，平等保护各类相关利益主体的合法权益。

《意见》规定，优先引入业绩优秀、信誉良好和具有共同目标追求的民间投资主体，还明确了民间投资主体之间或者民间投资主体与国有企业之间可以共同设立股权投资基金，共同投资战略性新兴产业，开展境外投资。

大力发展资本市场成为重要战略任务

股权分置改革试点

中共十六大提出"推进资本市场的改革开放和稳定发展",中共十六届三中全会也提出"大力发展资本和其他要素市场"。在此指导下,2004年1月31日,国务院发布了《国务院关于推进资本市场改革开放和稳定发展的若干意见》,进一步提出"大力发展资本市场是一项重要的战略任务"。

2005年4月29日,经过国务院批准,中国证监会发布了《关于上市公司股权分置改革试点有关问题的通知》,确立了"市场稳定发展、规则公平统一、方案协商选择、

名正言顺地"摆摊"

世界贸易组织犹如一个农贸市场,中国没有加入,就像是在市场外的小贩。现在,我们在市场中有固定的摊位了,我们做生意更名正言顺了。

——龙永图,原国家外经贸部副部长

流通股东表决、实施分步有序"的操作原则。

这场股权分置改革,突出对股票发行的市场价格约束和投资者约束。此后,中国资本市场在股权分置改革、提高上市公司质量、证券公司综合治理、发展壮大机构投资者以及健全和完善市场法制等五个方面取得了进展或阶段性成果。

完善资本市场运行机制

改革开放以来,随着居民资产规模的累积和居民收入水平的提高,居民收入性质逐渐发生变化,这主要表现为以证券化金融资产形式持有的新增收入比重不断上升的趋势。中国资本市场的不断完善，为居民金融资产选择提供了更加广泛的空间。

1999年颁布的《期货交易管理暂行条例》开始重新规范中国的期货交易市场。2003年起，期货市场推行交易保证金封闭运行，遏制了在不完善交易市场中的投资风险。2004年起，陆续推出了棉花、大豆、玉米、白糖等商品期货交易品种，丰富了期货市场的多样性。

从2000年开始，金融机构进入银行间交易市场的批准方式由审批制改为备案制，对银行间债券市场的发展起到了至关重要的作用，促进了市场规模和品种的持续增加。商业银行柜台市场作为银行间债券市场的延伸于2002年开始设立，主要面对个人投资者和企业投资者进行国债零售业务。

2006年9月，中国金融交易所成立，这将加强对国债期货和外汇期货等衍生品的研发力度，促进产品创新、制度创新和技术创新。2007年3月，修订后的《期货交易管理条例》将适用范围从原来的商品期货交易扩大到商品、金融期货和期权合约交易。

2007年8月，《公司债券发行试点办法》的实施标志着公司债券市场全面启动。

2008年4月，《上市公司解除限售存量股份转让指导意见》出台，同年8月，证监会发布修订后的《上市公司收购管理办法》。

2009年10月，创业板首批28家企业正式上市，标志着主板、中小板和创业板构成的多层次资本市场体系形成。

2010年3月，融资融券试点正式启动，这推进了资本市场基础性制度的建设，对完善证券交易机制，形成合理规范的资金、证券融通渠道意义重大。4月股指期货开市，其改变了20年来的单边市机制，是中国资本市场的又一重要制度创新。

2011年11月，深交所推出《关于完善创业板退市制度的方案(征求意见稿)》，不支持通过"借壳"恢复上市，ST板块市值随之暴跌，十个交易日内市值缩水359亿元。

2012年6月，沪深交易所同时发布新的退市制度改革方案，自2013年1月开始沪深两市"风险警示板"和"退市整理板"正式运作。同月上交所受理15家中小企业私募债券备案申请，中小企业私募债券正式发行。同年8月《银行间债券市场非金融企业资产支持票据指引》实施，同年9月国家开发银行在银行间债券市场成功发行2012年第一期开元信贷资产支持证券，重启信贷资产证券化。

非公经济发展新格局

保护私有财产、尊重和保障人权入宪

2004年3月5日至14日,十届全国人大二次会议在北京举行。3月14日下午,十届全国人大二次会议经过投票表决,通过了《中华人民共和国宪法(修正案)》。

此次宪法的修改,进一步完善了私有财产保护制度,肯定了中国公民以个体的形式参与建设和发展非公有制经济的合法性,提升了私有财产保护的法律地位,有利于保护人民群众的切身利益,符合生产力的发展对上层建筑的要求。这是中国改革开放和现代化建设的必然结果,也是为了适应中国特色社会主义建设的需要,对实现全面建设小康社会的奋斗目标具有重要意义。

把"国家尊重和保障人权"写入宪法,凸显了国家对人权的重视,彰显了宪法的人权意识,对于推进依法治国进程具有十分重要的意义,使宪法确实成为规范政府行为,维护广大人民群众合法权益的最终依据。

《中华人民共和国物权法》施行

2007年3月16日,第十届全国人民代表大会第五次会议审议通过了《中华人民共和国物权法》,这是中国首

物权法的规定

《物权法》规定:"私人对其合法的收入、房屋、生活用品、生产工具、原材料等不动产和动产享有所有权。私人合法的储蓄、投资及其收益受法律保护。国家依照法律规定保护私人的继承权及其他合法权益。私人的合法财产受法律保护,禁止任何单位和个人侵占、哄抢、破坏。"

次从法律上明确保护私人财产。

《物权法》的颁布和实施，是中国从法律上明确保护私人财产的一项重要举措，体现了宪法精神，体现了对不同物权主体实行平等保护的原则，既尊重了国有财产，也保障了城市富裕人群和农村贫困人口的利益，对于推动中国物权制度的构筑和完善、推进经济改革和建设法治国家都具有里程碑式的重大意义。

支持非公有经济发展的"非公36条"

2005年1月12日，国务院总理温家宝主持召开国务院常务会议，讨论并原则通过《国务院关于鼓励支持和引导个体私营等非公有制经济发展的若干意见》。会议重申了十六大以来的"两个毫不动摇"：毫不动摇地巩固和发展公有制经济；毫不动摇地鼓励、支持和引导非公有制经济发展。

2005年2月19日，《国务院关于鼓励支持和引导个体私营等非公有制经济发展的若干意见》发布。这是改革开放以来第一个以中央政府的名义促进非公经济发展的系统性政策文件，也被称为"非公36条"。

该意见从放宽非公有制经济市场准入、加大对非公有制经济的财税金融支持、完善对非公有制经济的社会服务、维护非公有制企业和职工的合法权益、引导非公有制企业提高自身素质、改进政府对非公有制企业的监管、加强对发展非公有制经济的指导和政策协调等7个方面提出了促进非公有制经济发展的主要政策措施和要求。文件的发布，对中国非公有制经济的快速平稳健康发展产生促进作用，对于完善社会主义市场经济体制，建设中国特色社会主义，都具有重要意义。

中国首个民营资本独资经营航空公司

2005年7月18日上午9时15分，中国首家民营资本独资经营的低成本航空公司——春秋航空公司的首个航班，编号为B-6250的空中客车320-214型客机，满载180名旅客从上海虹桥机场直飞烟台。

春秋航空集团董事长王正华说："如果没有7年前2月份的那份文件，可能就没有春秋航空公司的顺利开航。民航总局在往开放、公平的路上走，在认真贯彻国家的有关精神。

《个体工商户条例》通过

2011年3月30日,国务院第149次常务会议通过《个体工商户条例》,自2011年11月1日起施行。该条例通过,标志着实施近22年的《城乡个体工商户管理暂行条例》退出历史舞台。

《个体工商户条例》放宽了对个体工商户经营的限制,取消了原来作为登记事项的"从业人员"限制等,对个体工商户登记管理事项进行了调整。

改革开放以来,在一系列个体私营经济发展方针、政策的鼓励下,中国个体经济迅速发展。

农村改革进入工业反哺农业新阶段

统筹城乡发展,建设社会主义新农村

2003年,中共十六届三中全会第一次正式提出了"统筹城乡发展"的思想。2004年1月1日,《中共中央、国务院关于促进农民增加收入若干政策的意见》发布,成为改革开放以来中共中央关于"三农"问题的第六个"1号文件"。

2004年召开的中央农村工作会议报告中提出了"努力建设生产发展、生活富裕、生态良好的社会主义新农村"。9月,胡锦涛总书记在中共十六届四中全会上,明确提出"两个趋向"的重要论断,指出:"综观一些工业化国家发展的历程,在工业化初始阶段,农业支持工业、为工业提供积累是带有普遍性的趋向;但在工业化达到相当程度以后,工业反哺农业、城市支持农村,实现工业与农业、城市与农村协调发展,也是带有普遍性的趋向。"

在随后召开的中央经济工作会议上,胡锦涛进一步强调指出:中国现在总体上已到了"以工促农、以城带乡"的发展阶段。建设社会主义新农村的战略思路不断深化,对农村社会经济发展发挥了重要影响。

2005年10月8日至11日,中共十六届五中全会在北京举行。全会审议通过了《中共中央关于制定国民经济和社会发展第十一个五年规划的建议》。由此,中央正式提出了建设社会主义新农村的目标和重大历史任务。

建设社会主义新农村,是在全面建设小康社会的关键时期、中国总体上经济发展已进入以工促农以城带乡的新阶段、以人为本与构建和谐社会理念深入人心的新形势下,所做出的又一个重大决策。建设社会主义新农村的重大历史任务的提出,也标志着改革开放不断深化。

解决农民工问题

农民工是中国改革开放、工业化、城镇化进程中涌现出的一支新型劳动大军,他们为城市繁荣、农村发展和国家现代化建设做出了重大贡献。2006年3月27日,《国务院关于解决农民工问题的若干意见》发布。

该意见从中国国情出发,坚持以人为本,对涉及农民工利益的一系列问题做了具体规定。这是中国政府首次为农民工制定的系统政策,是中央落实科学发展观,统筹城乡发展、解决"三农"问题的又一重大举措。

该意见还指出,农民工问题事关中国经济和社会发展全局,维护农民工权益是需要解决的突出问题,解决农民工问题是建设中国特色社会主义的战略任务。

取消农业税

2005年第十届全国人大常委会第十九次会议审议通过了《全国人大常委会关于废止〈中华人民共和国农业税条例〉的决定》。农业税的取消,对于减轻农民负担、增加农民收入、调动农民积极性具有重要的作用,对于推动农村经济的快速发展和农村社会的和谐进步、解放农村生产力、巩固农业基础地位、促进城乡统筹发展具有重要意义。

服务型政府建设

"建设服务型政府"首次写入中共文件

早在2002年,中共十六大就将政府职能概括为"经济调节、市场监管、社会管理和公共服务"四个方面。

2005年3月,温家宝总理在十届人大三次会议的《政府工作报告》中再次强调:"努力建设服务型政府。创新政府管理方式,寓管理于服务之中,更好地为基层、企业和社会公众服务。"

2006年10月,中共十六届六中全会强调要"建设服务型政府,强化社会管理和公共服务职能"。这是首次在中共文件中提出服务型政府建设的明确要求。此后,建设服务型政府已成为各级政府改革的重要目标。

2003年、2008年国务院机构改革

2003年3月6日至10日,《国务院机构改革方案》被提请十届全国人大一次会议审议。10日,该方案通过。此次改革,是国务院历经1982年、1988年、1993年和1998年历次较大规模精减和改革后又一次大规模的机构改革。

"三公"经费公开

2011年3月在第十一届全国人民代表大会上,温家宝总理在政府工作报告中明确提出,要加快实行财政预算公开,让人民知道政府花了多少钱,办了什么事,并提出"三公"经费原则上零增长。所谓"三公"经费,是指中央行政单位(含参照公务员法管理的事业单位)、事业单位和其他单位用财政拨款开支的出国(境)费、车辆购置及运行费、公务接待费。

当时中国加入世界贸易组织，改革开放正全面走向深入，因此加大了政府对有关行业的监管力度，减少了经济管理的计划经济色彩，抓住当时社会经济发展阶段的突出问题，进一步转变政府职能，以逐步形成行为规范、运转协调、公正透明、廉洁高效的行政管理体制。

2008年2月27日，中共十七届二次全会通过了《关于深化行政管理体制改革的意见》和《国务院机构改革方案》。3月15日，第十一届全国人民代表大会第一次会议审议并批准了《国务院机构改革方案》。这次国务院机构改革的主要任务是，围绕转变政府职能和理顺部门职责关系，探索实行职能有机统一的"大部门体制"。

《中华人民共和国行政许可法》实施

2003年8月27日，第十届全国人民代表大会常务委员会第四次会议通过《中华人民共和国行政许可法》，2004年7月1日起施行。《行政许可法》是继中国颁发的《中华人民共和国国家赔偿法》《中华人民共和国行政处罚法》和《中华人民共和国行政复议法》之后又一部规范政府行为的重要法律，对中国的行政管理产生了巨大的影响，对行政机关依法行政提出了更高的要求，促进了中国行政管理法治化水平的提高。

社会事业提升为构建和谐社会重要环节

全面免除城乡义务教育学杂费

2003年,国务院召开新中国成立以来第一次全国农村教育工作会议,做出了进一步加强农村教育工作的决定,明确了农村教育在教育工作中重中之重的战略地位,做出了"新增教育经费主要用于农村"的重大决策,决心用更大的精力和更多的财力,重点加强农村义务教育,深化农村教育改革,发展农村教育事业。

2005年,教育部印发《关于进一步推进义务教育均衡发展的若干意见》。随后,作为配套措施的《关于深化农村义务教育经费保障机制改革的通知》发出。

2007年春,中国免除全国农村义务教育学杂费。2007年秋,国家还实施了新的高校和中职学校家庭经济困难学生资助政策。2008年7月30日,国务院总理温家宝主持召开国务院常务会议,会议决定,从2008年秋季学期开始,在全国范围内全部免除城市义务教育阶段学生学杂费。8月12日,《国务院关于做好免除城市义务教育阶段学生学杂费工作的通知》印发。

2010年7月29日,《国家中长期教育改革和发展规划纲要(2010—2020年)》公布。《规划纲要》提出了"基本实现教育现代化,基本形成学习型社会,进入人力资源强国行列"的战略目标。《规划纲要》指出,到2020年,基本实现区域内均衡发展,确保适龄儿童少年接受良好的义务教育。

全面免除城乡义务教育学杂费,是中国积极推进政府职能转变、努力建设服务型政府的新进展,是国家推动义务教育均衡发展、促进教育公平的又一重大举措。也是中国坚持以人为本办教育,着力保障和改善民生的一项重大成果,是中国教育史上又一座里程碑。

养老保障基本全覆盖

完善企业职工基本养老保险。2005年12月14日,《国务院关于完善企业职工基本养老保险制度的决定》发布，要求城镇各类企业职工、个体工商户和灵活就业人员都参加企业职工基本养老保险，并提出将以非公有制企业、城镇个体工商户和灵活就业人员参保工作为重点，扩大基本养老保险覆盖范围。

建立农村最低生活保障制度。2007年1月9日，胡锦涛总书记做出重要指示，强调要抓紧建立农村低保制度。5月23日，温家宝总理主持召开国务院常务会议，会议决定，2007年在全国建立农村最低生活保障制度，将符合条件的农村贫困人口纳入保障范围，重点保障病残、年老体弱、丧失劳动能力等生活常年困难的农村居民。建立农村最低生活保障制度以地方人民政府为主，实行属地管理，中央财政对财政困难地区给予适当补助。7月11日，国务院发布《国务院关于在全国建立农村最低生活保障制度的通知》，对农村低保的目标任务、原则要求、保障标准、对象范围、操作程序、资金筹集、组织机构等内容进行了规范。

新型农村社会养老保险试点。2009年6月24日，国务院总理温家宝主持召开国务院常务会议，会议指出，建立新型农村社会养老保险制度，是加快建立覆盖城乡居民的社会保障体系的重要组成部分，对确保农村居民基本生活，推动农村减贫和逐步缩小城乡差距，维护农村社会稳定意义重大，同时对改善心理预期、促进消费、拉动内需也具有重要意义。会议决定，2009年在全国10%的县(市、区)开展新型农村社会养老保险试点。9月1日，国务院印发《国务院关于开展新型农村社会养老保险试点的指导意见》，指出："新农保试点的基本原则是'保基本、广覆盖、有弹性、可持续'。"

在全国范围内推动城镇居民社会养老保险。2011年6月1日，国务院总理温家宝主持召开国务院常务会议，决定在全国范围内推动城镇居民社会养老保险。7月1日，城镇居民社会养老保险试点正式启动，当年试点范围覆盖全国60%的地区，计划2012年覆盖全国。试点坚持保基本、广覆盖、有弹性、可持续的原则，实行社会统筹与个人账户相结合的制度模式，通过个人缴费与政府补贴相结合的方式筹集资金，与其他社会保障政策相配套，保障城镇居民老年基本生活。

进入全民医保时代

城镇居民医疗保险改革试点。2007年3月，十届全国人大五次会议召开，会上温家宝总理宣布，2007年要启动城镇居民医疗保险改革试点。当年7月10日，国务院印发《关于开展城镇居民基本医疗保险试点的指导意见》。城镇居民医疗保险是以没有参加城镇职工医疗保险的城镇未成年人和没有工作的居民为主要参保对象的医疗保险制度。这一制度的出现,在中国社会保险制度改革的历程中具有重大意义,它使得城镇社会保险的覆盖面从城镇从业人员扩大到城镇全体居民,从单位和职工参保,转变为以居住户为单位参保,实现了真正意义上的社会保险。

建立覆盖城乡居民的基本医疗卫生制度。2009年3月17日,中共中央、国务院印发《中共中央、国务院关于深化医药卫生体制改革的意见》。《意见》提出了深化医药卫生体制改革的总体目标:建立健全覆盖城乡居民的基本医疗卫生制度,为群众提供安全、有效、方便、价廉的医疗卫生服务。《意见》要求,到2020年,覆盖城乡居民的基本医疗卫生制度基本建立。普遍建立比较完善的公共卫生服务体系和医疗服务体系,比较健全的医疗保障体系,比较规范的药品供应保障体系,比较科学的医疗卫生机构管理体制和运行机制,形成多元办医格局,人人享有基本医疗卫生服务,基本适应人民群众多层次的医疗卫生需求,人民群众健康水平进一步提高。

"十二五"深化医疗卫生体制改革。为进一步深化医疗卫生体制改革,2012年3月14日,国务院印发《"十二五"

"十二五"规划中的亮点

"十二五"规划中最大的亮点之一：到2015年，政府卫生投入增长幅度将高于经常性财政支出增长幅度，并实现个人卫生支出占卫生总费用的比例降低到30%以下，做到有效缓解"看病难、看病贵"的问题。

期间深化医药卫生体制改革规划暨实施方案》，明确了2012年至2015年医药卫生体制改革的阶段目标、改革重点和主要任务。

完善以基本公共服务为重点的公共财政投入制度

2006年，中共十六届中央委员会第六次全体会议通过的《中共中央关于构建社会主义和谐社会若干重大问题的决定》中，从财政角度提出"完善公共财政制度，逐步实现基本公共服务均等化"的表述，指出现阶段仍存在区域发展不平衡以及教育、社会保障和医疗等突出矛盾。强调和谐社会构建要坚持"以人为本"，实现改革成果共享的基本原则，推动区域平衡整体战略实施，包括教育、公共医疗卫生体系等基本公共服务在内的社会事业协调发展，通过制度建设确保社会公平正义的实现。

十七大报告中明确指出，"缩小区域发展差距，必须注重实现基本公共服务均等化"，要求进一步推进基本公共服务均等化和中心功能区建设，加强政府尤其是地方政府的服务型功能，实现包括公共医疗、社会保障等项目在内的基本公共服务全覆盖。

中共十八大确立了全面建成小康社会和全面深化改革开放的目标，中国进入全面深化改革新阶段。中共十八届三中全会站在历史新起点，对全面深化改革进行了总体部署，提出了全面深化改革的总目标是完善和发展中国特色社会主义制度，推进国家治理体系和治理能力现代化。到2020年，在重要领域和关键环节改革上取得决定性成果，形成系统完备、科学规范、运行有效的制度体系，使各方面制度更加成熟、更加定型。

第五章

全面深化改革新阶段（2012-2017）

全面深化改革历史新起点："四个全面"

中共十八大：确保到 2020 年实现全面建成小康社会

2012 年 11 月 8 日至 14 日，中国共产党第十八次全国代表大会在北京召开。中共十八大确定了全面建成小康社会和全面深化改革开放的目标。

中共十八大报告提出，"到 2020 年实现国内生产总值和城乡居民人均收入比 2010 年翻一番"，这是历次党的代表大会上，首次明确提出居民收入倍增目标。

中共十八届三中全会：全面深化改革总体部署

2013 年 11 月召开的中共十八届三中全会，是中国在

> **故事**
>
> **从十六大到十八大**
>
> 2002年,中共十六大确立了21世纪20年全面建设小康社会的奋斗目标。
>
> 2007年,中共十七大报告提出全面建设小康社会奋斗目标新的更高要求,第一次提出确保到2020年实现全面建成小康社会的奋斗目标。
>
> 中共十八大提出了确保到2020年实现全面建成小康社会宏伟目标。

改革开放新的重要关头召开的一次重要会议,会议审议通过了《中共中央关于全面深化改革若干重大问题的决定》。

《决定》提出了全面深化改革的指导思想、目标任务、重大原则,描绘了全面深化改革的新蓝图、新愿景、新目标,形成了中国共产党改革理论和政策的一系列重大突破,是中国共产党在新的历史起点上全面深化改革的科学指南和行动纲领。

《决定》明确了全面深化改革的总目标是完善和发展

中国特色社会主义制度，推进国家治理体系和治理能力现代化，还提出了坚持"紧紧围绕"六个方面全面深化改革。"六个围绕"既冲破思想观念的障碍，又突破利益固化的樊篱，体现了新时期改革的系统性、整体性、协同性，使发展成果更多更公平地惠及全体人民。

《决定》还提出"中央成立全面深化改革领导小组"。以前统筹各方面改革的工作主要由国家发改委来承担。十八大以来，由于全面深化改革的复杂性和紧迫性，有必

解读

"六个围绕"

即围绕使市场在资源配置中起决定性作用深化经济体制改革；围绕坚持党的领导、人民当家作主、依法治国有机统一深化政治体制改革；围绕建设社会主义核心价值体系、社会主义文化强国深化文化体制改革；围绕更好保障和改善民生、促进社会公平正义深化社会体制改革；围绕建设美丽中国深化生态文明体制改革；围绕提高科学执政、民主执政、依法执政水平深化党的建设制度改革。

要加强各项改革统筹协调。

中共十八届四中全会：全面推进依法治国

2014年10月20日至23日，中共十八届四中全会审议通过了《中共中央关于全面推进依法治国若干重大问题的决定》。《决定》提出了全面推进依法治国总目标，即建设中国特色社会主义法治体系，建设社会主义法治国家。

2015年4月9日，中共中央办公厅、国务院办公厅印发《关于贯彻落实党的十八届四中全会决定进一步深化司法体制和社会体制改革的实施方案》，对各项司法体制改革任务的政策取向、责任分工、时间进度、成果要求进行了安排。

2014年至2015年期间，中央深改小组、中央办公厅和国务院发布了系列试点方案推进全面依法治国，包括《关于司法体制改革试点若干问题的框架意见》《上海市司法改革试点工作方案》《关于设立知识产权法院的方案》《最高人民法院设立巡回法庭试点方案》《设立跨行政区划人民法院、人民检察院试点方案》《关于在部分区域系统推进全面创新改革试验的总体方案》《关于在全国各地推开司法体制改革试点的请示》等等。

2014年以来，中共中央先后在全国31个省区市启动了三批司法体制改革试点。2016年12月，随着最高人民法院第三、第四、第五、第六巡回法庭相继在江苏南京、河南郑州、重庆、陕西西安挂牌成立，实现了巡回法庭管辖范围全覆盖。

中共十八届六中全会：聚焦全面从严治党

2014年10月8日，习近平总书记在党的群众路线教育实践活动总结大会上的讲话中第一次提出"全面推进从严治党"。

2014年12月13日至14日，习近平总书记在江苏调

中央深改组

2013年12月30日，中共中央政治局决定成立中央全面深化改革领导小组（简称"中央深改组"），负责改革总体设计、统筹协调、整体推进、督促落实，由习近平总书记任组长，下设经济体制和生态文明体制改革、民主法制领域改革、文化体制改革、社会体制改革、党的建设制度改革、纪律检查体制改革六个专项小组。

研时，提出了"四个全面"战略布局，明确地把"全面从严治党"作为"四个全面"战略之一，奠定了全面从严治党在"四个全面"战略布局中的地位和作用。

2016年10月24日至27日，中共十八届六中全会召开，全会聚焦全面从严治党，进一步对全面从严治党做出了新部署，审议通过了《关于新形势下党内政治生活的若干准则》和《中国共产党党内监督条例》。

十八大以来中国共产党的建设和过去有很大的不同和进展：党的建设制度改革为重点，加强党的制度建设，通过制度的改革和完善，充分发挥党的领导核心作用。

推进供给侧结构性改革

重点推进供给侧结构性改革

2015年11月10日,习近平总书记在中央财经领导小组第十一次会议上,首次提出"供给侧结构性改革",要求"在适度扩大总需求的同时,着力加强供给侧结构性改革,着力提高供给体系质量和效率"。

2016年中央经济工作会议指出,中国经济运行面临的突出矛盾和问题,虽然有周期性、总量性因素,但根源是重大结构性失衡,导致经济循环不畅,必须从供给侧、结构性改革上想办法,努力实现供求关系新的动态平衡。

2017年政府工作报告要求以推进供给侧结构性改革为

"三去一降一补"

十八大以来,中央提出推行以"三去一降一补"为重点的供给侧结构性改革。即去产能、去库存、去杠杆、降成本、补短板五大任务。

主线,紧抓重点领域关键环节改革持续发力。报告还提出因城施策去库存,支持居民自住和进城人员购房需求,推进农业供给侧结构性改革。

发展混合所有制经济在更大范围内优化资源配置

中共十八大以来,为进一步推进混合所有制经济的发展,中共中央、国务院出台系列重要改革政策措施。

2015年9月13日,中共中央、国务院印发《关于深化国有企业改革的指导意见》,着力于把国有企业打造成为独立的市场主体。《意见》从国企改革的总体要求到分类推进国有企业改革、完善现代企业制度和国有资产管理体制、发展混合所有制经济、强化监督防止国有资产流失、加强和改进党对国有企业的领导、为国有企业改革创造良好环境条件等方面，全面提出了新时期国有企业改革的目标任务和重大举措。

9月，国务院同时印发《关于国有企业发展混合所有制经济的意见》，选择社会关注度高的电力、石油、天然气、铁路、民航、电信、军工等7大领域，开展放开竞争性业务、推进混合所有制改革试点示范。同月，中央深改小组第十六次会议审议还通过了《关于鼓励和规范国有企业投资项目引入非国有资本的指导意见》，拓宽了国有企业投资项目引入非国有资本的领域，完善引资方式，规范决策程序，防止暗箱操作和国有资产流失。

10月，中央深改小组提出了国有企业功能界定与分类改革，将国有企业界定为商业类和公益类。2016年4月，中央深改小组第二十三次会议审议通过《关于建立公平竞争审查制度的意见》。从维护全国统一市场和公平竞争的角度，对有关政策措施进行审查。

2016年8月，中央深改小组第二十七次会议审议通过《关于完善产权保护制度依法保护产权的意见》《关于创新政府配置资源方式的指导意见》。加强各种所有制经济产权保护，完善平等保护产权的法律制度，完善财产征收征用制度。

十八届三中全会通过的《中共中央关于全面深化改

革若干重大问题的决定》对发展混合所有制经济特别重视，并做出重要新论断，"国有资本、集体资本、非公有资本等交叉持股、相互融合的混合所有制经济，是基本经济制度的重要实现形式"，要求"积极发展混合所有制经济"。这一重要论断的提出具有深刻的历史背景和现实基础，其未来发展无疑对中国经济社会发展产生非常积极的影响。

放宽民资的市场准入

随着混合所有制经济发展，无论是从公共服务、基础设施行业还是金融业对民营资本的市场准入在逐步放开。为增强公共服务和基础设施建设领域的投资活力，2014年11月26日，国务院印发《关于创新重点领域投融资机制鼓励社会投资的指导意见》，从市场准入方面明确提出在公共服务和基础设施领域对民间资本平等准入，开启民间资本进入的阀门。

2016年10月20日、30日，住房和城乡建设部联合国家发展和改革委员会、财政部、国土资源部、中国人民银行印发《关于进一步鼓励和引导民间资本进入城市供水、燃气、供热、污水和垃圾处理行业的意见》。

2016年10月30日，民航局印发《关于鼓励社会资本

>
>
> **国企混合所有制改革**
>
> 混合所有制改革是新时代深化国有企业改革的重头戏,牵一发而动全身。2016年,前两批(19家)中央企业混合所有制改革试点的重点任务逐步落地。中国联通混改,首次将改革层级提高到集团层面,百度、阿里巴巴、腾讯、京东、苏宁等投资中国联通;东方航空则打响了民航领域混改的第一枪,东航集团不再对东航物流持绝对控股权,员工持股的比例上升到10%。

投资建设运营民用机场的意见》。到2016年10月,中国城市供水行业社会资本参股控股项目规模已占城市公共供水规模的两成;民营企业在城市燃气行业占到四成以上,城市供热行业占六成以上;新建污水处理设施中六成为社会资本投资运营,垃圾无害化处理设施中三成以上也是社会资本在投资运营。

2014年,首批5家民营银行分别在天津、上海、浙江和广东开展试点，即深圳前海微众银行、上海华瑞银行、温州民商银行、天津金城银行、浙江网商银行。允许民营资本发起设立民营银行，放宽对民营资本的准入，增加银行数量，符合中国金融业长远改革方向，对发展民营经济大有裨益。

2017年1月5日，银监会正式印发了《关于民营银行监管的指导意见》，进一步对民营银行进行监管规范，标志着民营银行进入到了由试点向依法依规常态化设立的新阶段。

首部全国市场监管中长期规划发布

2017年1月12日，国务院印发《"十三五"市场监管规划》，这是第一部全国市场监管中长期规划。《规划》是进一步深化商事制度改革、推动市场监管改革创新的行动纲领，标志着政府职能转变的重要方向。

《规划》的实施，对于落实简政放权放管结合优化服务改革部署，适应和引领经济发展新常态，积极推进市场监管改革与创新，更好地维护市场公平竞争，更好地规范市场秩序，更好地激发市场的活力和创造力，促进中国经济保持中高速增长、迈向中高端水平都具有重要意义。

以"三证合一"为核心的商事制度改革全面实施

2014年3月,以"三证合一"为核心的商事制度改革在中国全面实施。当时的改革应该叫"三证"合"一证"或者"一证三号",商事主体只需在工商登记窗口填一张表,由后台统一运转数据,就能拿到印有组织机构代码和税务登记号的工商营业执照,组织机构代码证和税务登记证不再单独存在。

在此基础上,从2015年10月1日开始全面推行的"三证合一、一照一码"改革更进一步,它取消了组织机构代码和税务登记号,由工商行政管理部门核发一个加载统一社会信用代码的营业执照,办理新版营业执照最快仅需数小时。为了深化商事制度改革,国务院印发《关于"先照后证"改革后加强事中事后监管的意见》。

中国私营企业数据

2014年3月1日至2017年2月,中国累计新增登记企业1300多万户,其中94.6%为私营企业,这个数字是改革前八年新增登记企业的总和。

2017年4月26日,国务院常务会议审议通过了《关于加快推进"多证合一"改革的指导意见》。

推进农业供给侧结构性改革

2016年3月,习近平总书记在参加全国人大湖南代表团审议时明确指出,新形势下,农业主要矛盾已经由总量不足转变为结构性矛盾,主要表现为阶段性的供过于求和供给不足并存。推进农业供给侧结构性改革,提高农业综合效益和竞争力,是当前和今后一个时期中国农业政策改革和完善的主要方向。

2017年2月5日,《中共中央、国务院关于深入推进农业供给侧结构性改革加快培育农业农村发展新动能的若干意见》发布,这是新世纪以来,党中央连续发出的第十四个指导"三农"工作的"1号文件"。

《意见》指出,要用改革的办法来推动农业农村发展由过度依赖资源消耗、主要满足"量"的需求,向追求绿色生态可持续、更加注重满足"质"的需求转变。一定要守住三条底线:确保粮食生产能力不降低、农民增收势头不逆转、农村稳定不出问题。

推进金融、财税重点领域改革

"金融国十条"出台

伴随着全面深化改革,供给侧结构性改革加快,中国确实到了一个经济结构调整和转型升级迫在眉睫的时期。

2013年7月5日,国务院制定出台了《国务院办公厅关于金融支持经济结构调整和转型升级的指导意见》(简称"金融国十条"),意见对未来的金融发展改革规划做出了一个全面、系统的整合理顺,并提出很多具体可行的措施和准则,整个"金融国十条"共涉及国务院18个部门,进步意义重大。

利率和汇率的市场化改革迈出"重要一步"

中国的利率市场化进程从 1996 年启动，由易到难逐步推进。2013 年 7 月，人民银行宣布全面放开贷款利率管制。2015 年 10 月，人民银行宣布不再设置存款利率浮动上限，存贷款利率管制终于基本放开。

利率市场化改革的重点，正在从"放得开"向"形得成"尤其是"调得了"转变。中国金融机构、企业、居民已经逐渐适应了市场化的利率环境，银行间市场拆借利率、国债收益率曲线、央行基准利率、货币政策操作利率等多种利率各司其职，利率走廊正在形成。

汇率的市场化进程面临重重困难和挑战，依然坚定推进。人民币汇率形成机制改革 2005 年启动以来，"实行以市场供求为基础、参考一篮子货币进行调节、有管理的浮动汇率制度"的方向始终坚定。

完善金融体系，深化投融资体制改革

金融体系不断完善创新。2000 年后 10 年，中国互联网金融的快速发展，同时也充分暴露出了一些问题和风险隐患，市场单边驱动的缺点凸显，"适度监管"日益成为业内共识。

2015 年 7 月 18 日，中国人民银行等十部委联合印发

人民币汇率

2014年3月,人民币兑美元交易价浮动幅度由1%扩大至2%。2015年8月,完善人民币兑美元汇率中间价报价,人民币汇率中间价主要参考市场均衡汇率形成。2017年5月,在人民币兑美元汇率中间价报价模型中引入逆周期因子,有效缓解了市场的顺周期行为,稳定了市场预期。

《关于促进互联网金融健康发展的指导意见》。这一互联网金融顶层指导方案开启了互联网金融行业规范运作和系统化监管的新阶段。

2016年1月15日,国务院还印发《推进普惠金融发展规划(2016–2020年)》,首次从国家层面确立了普惠金融的实施战略,推动金融向"小而美"发展,让金融更多地"惠"入平常百姓家。

2016年8月31日,中国人民银行、财政部等七部委联合印发了《关于构建绿色金融体系的指导意见》，中国成为全球首个建立了比较完整的绿色金融政策体系的经济体。

除此以外，2016年7月5日，中共中央、国务院《关于深化投融资体制改革的意见》正式公布实施。这是改革开放以来以中共中央文件的名义发布的第一个投融资体制改革方面的文件。《意见》提出确立企业投资主体地位，平等对待各类投资主体，放宽放活社会投资，完善政府和社会资本合作模式。

新一轮财税体制改革启动

2014年6月，中央深改小组第三次会议审议《深化财税体制改革总体方案》，吹响了新一轮财税体制改革的进军号。新一轮财税体制改革着力建立现代财政制度。

2014年10月2日，国务院首次发文全面规范地方政府性债务管理，印发《关于加强地方政府性债务管理的意见》，标志着中国地方政府性债务管理的完整制度框架基本建成。此次改革的一大亮点是强调"疏堵结合"。

10月8日，国务院印发《关于深化预算管理制度改革的决定》。"完善政府预算体系"成为此次预算改革的首要任务。

转移支付制度改革是深化财税体制改革的重要任务。2015年，国务院加大对转移支付制度改革力度。2月2日，《国务院关于改革和完善中央对地方转移支付制度的意见》出台，意见提出了改革和完善转移支付制度的九条具体措施。

2016年5月1日，在全国范围内全面推开营业税改征增值税（简称"营改增"）试点，将建筑业、房地产业、金融业和生活服务业等全部营业税纳税人纳入试点范围，并将所有企业新增不动产所含增值税纳入抵扣范围。这标志着中华人民共和国成立后已开征66年的营业税正式告别历史舞台。

5月10日，财政部、国家税务总局联合印发《关于全面推进资源税改革的通知》，宣布自2016年7月1日起全面推进资源税改革，这是中国推出的又一重大税制改革。在此之前，现行资源税范围偏窄，难以承担起全面促进资源节约保护作用。全面推进资源税改革，进一步提高资源的使用效率，助力经济发展方式转变。

明确价格改革时间表路线图

价格机制是市场机制的核心，市场决定价格是市场在资源配置中起决定性作用的关键。2015年10月15日，

《中共中央、国务院关于推进价格机制改革的若干意见》发布。

《意见》明确到2017年，竞争性领域和环节价格基本放开，政府定价范围主要限定在重要公用事业、公益性服务、网络型自然垄断环节。到2020年，市场决定价格机制基本完善，科学、规范、透明的价格监管制度和反垄断执法体系基本建立，价格调控机制基本健全。

价格改革亮点

这次价格改革有两大亮点：

一是对价格改革提出了明确的时间表；

二是涉及改革的范围更加明确，包括石油、天然气等更加具体的领域，并且有明确的路线图，包括择机放开成品油价格，尽快全面理顺天然气价格，加快放开天然气气源和销售价格，有序放开上网电价和公益性以外的销售电价，建立主要由市场决定能源价格的机制。

国家创新战略发展

"互联网+"

2015年3月,李克强总理在政府工作报告中提出要制定"互联网+"行动计划。同年6月24日,国务院常务会议通过《关于积极推进"互联网+"行动的指导意见》,提出要坚持开放共享、融合创新、变革转型、引领跨越、安全有序的基本原则,充分发挥中国互联网的规模优势和应用优势,坚持改革创新和市场需求导向,大力拓展互联网与经济社会各领域融合的广度和深度。

意见提出,到2018年,互联网与经济社会各领域的融合发展进一步深化,基于互联网的新业态成为新的经济

> **解读**
>
> **"互联网+"的国际范儿**
>
> 德国提出了工业4.0战略
>
> 美国部署产业互联网的发展
>
> ……

增长动力,互联网支撑大众创业、万众创新的作用进一步增强,互联网成为提供公共服务的重要手段,网络经济与实体经济协同互动的发展格局基本形成。到2025年,"互联网+"新经济形态初步形成,"互联网+"成为中国经济社会创新发展的重要驱动力量。

《关于积极推进"互联网+"行动的指导意见》部署了双创、协同制造、现代农业等11个重点领域实施"互联网+"行动计划的目标任务。

推动大众创业、万众创新

2015年3月11日,国务院办公厅印发《关于发展众创空间推进大众创新创业的指导意见》,提出努力营造良好的创新创业生态环境,将大众创新创业作为科技创新工作的重要内容和抓手。

2015年6月16日,国务院颁布《关于大力推进大众创业万众创新若干措施的意见》,进一步做出"大众创业、万众创新"、培育和催生经济社会发展新动力的具体部署。

2016年5月,中共中央、国务院发布《国家创新驱动发展战略纲要》,提出到2020年进入创新型国家行列、到2030年跻身创新型国家前列、到2050年建成世界科技创新强国"三步走"目标。

2016年9月1日,国务院常务会议确定促进创业投资发展的政策措施,释放社会投资潜力助力实体经济。

2016年9月20日,国务院印发《关于促进创业投资

大众创业、万众创新

在2014年9月的夏季达沃斯论坛上,李克强总理就发出"大众创业、万众创新"的号召,提出要在960万平方公里的土地上掀起"大众创业""草根创业"的新浪潮,形成"万众创新""人人创新"的新态势。

持续健康发展的若干意见》，指出创业投资是实现技术、资本、人才、管理等创新要素与创业企业有效结合的投融资方式，是推动大众创业、万众创新的重要资本力量，是促进科技创新成果转化的助推器。

大力推进"大众创业、万众创新"，对于有效破除妨碍创业创新发展的体制机制和政策弊端，全面激活亿万民众智慧及其创造力，更好地实现资金链引导创业创新链、创业创新链支持产业链、产业链带动就业链的形成和健康发展，促进中国经济持续健康发展，均具有重要理论深化意义和政策实践意义。

区域发展新战略

推进以人为核心的新型城镇化

2012年12月15日至16日,习近平总书记在中央经济工作会议上首次明确提出,"积极稳妥推进城镇化,着力提高城镇化质量"。2013年12月12日至13日,中央城镇化工作会议召开,习近平总书记在会上发表重要讲话,分析了城镇化发展形势,明确了推进城镇化的指导思想、主要目标、基本原则、重点任务。

2014年3月,《国家新型城镇化规划(2014-2020年)》发布,这是中国推进新型城镇化健康发展的纲领性文件。《规划》突出的亮点是强调以人为本,推进以人为核心的城镇化，提出了保障随迁子女平等享有受教育权利、完善公共就业创业服务体系、扩大社会保障覆盖面、改善基本医疗卫生条件、拓宽住房保障渠道等一系列举措。

推进农业转移人口市民化

全面放开建制镇和小城市落户限制。2014年6月，中央深改小组第三次会议审议《关于进一步推进户籍制度改革的意见》。政策要求是全面放开建制镇和小城市落户限制，有序放开中等城市落户限制，合理确定大城市落户条件，严格控制特大城市人口规模，稳步推进城镇基本公共服务常住人口全覆盖。

"改革红利是中国最大的红利"

中国消费潜力释放与结构升级的空间巨大。抓住机遇、释放潜力，取决于体制机制改革与创新的进程，取决于改革红利的释放程度。

全面实施居住证制度。2015年2月15日,中央审议通过《关于全面深化公安改革若干重大问题的框架意见》,提出,扎实推进户籍制度改革、取消暂住证制度、全面实施居住证制度、建立健全与居住年限等条件相挂钩的基本公共服务提供机制。2015年12月12日,国务院发布《居住证暂行条例》。这是中国政府推动新型城镇化,提高户籍城镇化率,促进农业转移人口市民化的又一重大举措。

推动农业转移人口进城落户。2016年10月,国务院办公厅印发《推动1亿非户籍人口在城市落户方案》,着眼于有效提高农业转移人口进城落户意愿、鼓励城市政府积极吸纳农业转移人口落户定居,从多个方面努力拓宽落户通道,提出了具体实施办法和配套政策。

京津冀协同发展

2014年2月26日,习近平总书记在听取京津冀协同发展工作汇报时强调,实现京津冀协同发展是一个重大国家战略。2015年3月,中共中央政治局审议通过《京津冀协同发展规划纲要》,标志着京津冀一体化协同发展正式成为国家级重大战略,同时也意味着京津冀协同发展的顶层设计基本完成。

2015年9月,国家发展和改革委员会印发《环渤海地区合作发展纲要》,进一步强调京津冀协同发展这一区域发展总体战略,并提出京津冀区域一体化格局要在2030年基本形成的发展目标。

世界级城市群建设也是京津冀整体功能定位的一个重

京津冀三地功能定位

《京津冀协同发展规划纲要》对三地各自的功能做了定位。

北京的定位是"四个中心",即全国政治中心、文化中心、国际交往中心和科技创新中心。

天津的定位是全国先进制造研发基地、北方国际航运核心区、金融创新运营示范区、改革开放先行区。

河北的定位是全国现代商贸物流重要基地、产业转型升级试验区、新型城镇化与城乡统筹示范区、京津冀生态环境支撑区。

这一定位可以凝聚起三地资源优势,形成整体合力,同时也是为整体功能定位服务。

要内容。2016年5月27日召开的中央政治局会议强调，建设北京城市副中心——通州"城市副中心"，调整北京空间格局，治理大城市病，拓展发展新空间，探索人口经济密集地区优化开发，推动京津冀协同发展。

2017年4月1日，中共中央、国务院印发通知，决定设立河北雄安新区。设立雄安新区，对于集中疏解北京非首都功能，探索人口经济密集地区优化开发新模式，调整优化京津冀城市布局和空间结构，培育创新驱动发展新引擎，具有重大现实意义和深远历史意义。

长江经济带上升国家战略

长江经济带覆盖上海、江苏、浙江、安徽、江西、湖北、湖南、重庆、四川、云南、贵州等11省市，面积约205万平方公里，占全国的21%，人口和经济总量均超过全国的40%，生态地位重要、综合实力较强、发展潜力巨大。长江是货运量位居全球内河第一的黄金水道，长江通道是中国国土空间开发最重要的东西轴线，在区域发展总体格局中具有重要战略地位。

2013年7月，习近平总书记在武汉调研时指出，长江流域要加强合作，发挥内河航运作用，把全流域打造成黄金水道。

2016年1月，习近平总书记在重庆召开推动长江经济带发展座谈会指出推动长江经济带发展必须从中华民族长远利益考虑，走生态优先、绿色发展之路。

2016年1月26日，习近平总书记主持召开中央财经领导小组第十二次会议时强调，共同努力把长江经济带建成生态更优美、交通更顺畅、经济更协调、市场更统一、机制更科学的黄金经济带。

2016年9月，中共中央、国务院印发《长江经济带发展规划纲要》。《规划纲要》围绕"生态优先、绿色发展"的基本思路，提出长江经济带的四大战略定位：生态文明建设的先行示范带、引领全国转型发展的创新驱动带、具有全球影响力的内河经济带、东中西互动合作的协调发展带。

实施新一轮东北振兴战略

受国内外市场需求不足，以及体制性、机制性和结构性问题等多重因素影响，近年来，东北地区经济下行压力较大，发展面临不少挑战。

2016年5月，习近平总书记赴黑龙江调研时强调，振兴东北地区等老工业基地是国家重大战略，要抢抓机遇、奋发有为，贯彻新发展理念，深化改革开放，优化发展环境，激发创新活力，扬长避短、扬长克短、扬长补短，闯出一条新形势下老工业基地振兴发展新路。

2016年10月，李克强总理主持召开国务院振兴东北地区等老工业基地推进会议，指出推动东北经济脱困向好，实现新一轮振兴，事关全国经济发展和转型升级大局，事关区域协调发展全局，事关广大群众福祉，要继续依靠改革创新，坚定信心、破困前行，再创东北地区新的辉煌。

2016年4月26日，中共中央、国务院印发《关于全面振兴东北地区等老工业基地的若干意见》，提出了新一轮东北振兴的总体目标和总体任务等，是当前和今后一个时期加快老工业基地全面振兴的纲领性文件，是推进新一轮东北振兴的战略顶层设计。

8月，国家发改委出台《推进东北地区等老工业基地振兴三年滚动实施方案》，围绕完善体制机制、推进结构调整、鼓励创新创业、保障和改善民生等四大核心任务，分年度明确了137项重点工作。

11月16日，国务院印发《关于深入推进实施新一轮东北振兴战略加快推动东北地区经济企稳向好若干重要举措的意见》，从4个方面提出了14项政策措施，结合东北地区不同阶段振兴工作重点，进一步做好"十三五"时期东北振兴工作的整体统筹和布局。

12月,国家发改委组织印发《东北振兴"十三五"规划》,支持在东北地区的国有企业先行开展混合所有制改革试点。《规划》指出,针对不同类型国有企业的特点,以增强国有经济活力、竞争力和抗风险能力为目标,灵活采取引入战略投资者、推进企业改制上市、允许员工持股、吸引股权投资基金入股等方式推动混合所有制改革。

以公平正义为核心推进
社会事业改革创新

深化基本养老保险制度改革

建立全国统一的城乡居民基本养老保险制度。2014年2月7日,国务院总理李克强主持召开国务院常务会议,听取关于2013年全国人大代表建议和全国政协委员提案办理工作汇报,决定合并新型农村社会养老保险和城镇居民社会养老保险,建立全国统一的城乡居民基本养老保险制度。资金筹集采取个人缴、集体助、政府补的方式,中央财政按基础养老金标准,对中西部地区给予全额补助,对东部地区给予50%的补助。这一制度有利于促进人口流动和城乡一体化发展,意味着中国将逐步消除户籍和

"身份"所带来的养老保障差异,对居民的基本养老需求进行"兜底"设计。

破除养老金"双轨制"。中共十八大和十八届三中全会明确提出要推进机关事业单位养老保险制度改革,一些地方还进行了试点和探索。

2015年1月3日,国务院印发《关于机关事业单位工作人员养老保险制度改革的决定》,在中国机关、事业单位建立起与企业基本相同的养老保险制度,破除了实行多年的养老金"双轨制"。这项改革的重要组成部分,就是建立"职业年金"。

2014年10月1日起实施机关事业单位工作人员职业年金制度,这个牵涉到3700万公务员和事业单位工作人员的补充养老办法,将中国养老"并轨"又向前推进了一步。

深化医药卫生体制改革

全面推进公立医院综合改革,是中国"十二五"规划中的一项重点任务。2015年4月,中央深改小组第十一次会议审议通过《关于城市公立医院综合改革试点的指导意见》。要求坚持公立医院公益性的基本定位,落实政府办医责任,统筹推进医疗、医保、医药改革,构建布局合理、分工协作的医疗服务体系和分级诊疗就医格局。

5月8日,国务院办公厅出台意见,明确2015年在全国所有县(市)全面推开县级公立医院综合改革。

9月11日,国务院办公厅印发《关于推进分级诊疗制度建设的指导意见》,要求到2020年,逐步形成"基层首诊、双向转诊、急慢分治、上下联动"的分级诊疗模式。在此之前,国务院办公厅还出台了完善公立医院药品集中采购工作的指导意见。

建立统一的城乡居民基本医疗保险制度。随着中国经济社会快速发展,城乡居民医疗保险制度分割的负面作用开始显现,出现了重复参保、重复投入、待遇不够等问题。

2016年1月12日,国务院印发《关于整合城乡居民

解读

"六统一"

统一覆盖范围、统一筹资政策、统一保障待遇、统一医保目录、统一定点管理、统一基金管理。

基本医疗保险制度的意见》，提出"六统一"要求。建立统一的城乡居民基本医疗保险制度，是推进医药卫生体制改革、实现城乡居民公平享有基本医疗保险权益、促进社会公平正义、增进人民福祉的重大举措，对促进城乡经济社会协调发展、全面建成小康社会具有重要意义。

推进城乡基本公共服务均等化

中共十八大提出要"加快形成政府主导、覆盖城乡、可持续的基本公共服务体系""到2020年基本公共服务均等化总体实现"。十八届三中全会提出要"推进城乡基本公共服务均等化""城镇基本公共服务常住人口全覆盖"等重大改革。十八届五中全会首次将"增加公共服务供给"纳入共享发展的开篇阐述。"十三五"规划《纲要》进一步明确要"加快健全国家基本公共服务制度""建立国家基本公共服务清单"。

2015年11月28日，国务院印发《关于进一步完善城乡义务教育经费保障机制的通知》提出，建立城乡统一、重在农村的义务教育经费保障机制，实现相关教育经费随学生流动可携带。这是中国首次提出建立城乡统一的义务教育经费保障机制。

2016年7月，国务院又出台了统筹推进县域内城乡义务教育一体化改革发展的意见。城乡教育资源均衡配置是城乡教育均衡发展的核心,在促进中国从教育强国向人力资源强国的转变中发挥着关键作用。

2017年3月1日,国务院印发《"十三五"推进基本公共服务均等化规划》。《规划》提出了国家基本公共服务制度框架,建立了国家基本公共服务清单制。明确了基本公共服务均等化的内涵,即指全体公民都能公平可及地获得大致均等的基本公共服务。其核心是促进机会均等,而不是简单地平均化。《规划》提出力争到2020年,在学有所教、劳有所获、病有所医、老有所养、住有所居等方面持续取得新进展,基本公共服务均等化总体实现。

完善收入分配体制

收入分配领域存在着一些亟待解决的突出问题,城乡区域发展差距、居民收入分配差距较大,分配秩序不规范,部分群众生活比较困难。2013年2月5日,国务院批转发展改革委等部门《关于深化收入分配制度改革的若干意见》的通知,提出了收入分配制度改革的总体目标:一是城乡居民收入实现倍增。到2020年实现城乡居民人均实际收入比2010年翻一番;二是收入分配差距逐步缩小。中等收入群体持续扩大,"橄榄型"分配结构逐步形成;三是收入分配格局趋于合理。居民收入在国民收入分配中的比重、劳动报酬在初次分配中的比重逐步提高，社会保障和就业等民生支出占财政支出比重明显提升。

计划生育政策重大调整

面对人口老龄化加速发展，劳动力长期供给呈现短缺趋势，出生性别比失衡等系列严峻问题，为了适应已经变化了的人口形势，促进人口长期均衡发展，国家在此背景下对计划生育政策做出了完善和调整。

2013年11月15日，中共十八届三中全会通过的《中共中央关于全面深化改革若干重大问题的决定》对外发布，提出"坚持计划生育的基本国策，启动实施一方是独生子女的夫妇可生育两个孩子的政策"，这标志着"单独二孩"政策正式实施，是过去十几年以来对计划生育政策重大的、战略性的调整。

2015年10月29日，中共十八届五中全会公报宣布，中国将"全面实施一对夫妇可生育两个孩子的政策"，这是继2013年中共十八届三中全会决定启动实施"单独二孩"政策之后的又一次人口政策调整，标志着中国实施了35年的"独生子女政策"宣告终结。

脱贫这五年

2013年至2017年5年间,每年农村贫困人口减少都超过1000万人,累计脱贫6853万人;贫困发生率从2012年底的10.2%下降到2017年底的3.1%,下降了7.1个百分点。

全面推进脱贫攻坚

中共十八大以来,中国脱贫攻坚取得显著成绩。2015年11月29日,中共中央、国务院发布《关于打赢脱贫攻坚战的决定》,这是中国新时期脱贫攻坚的纲要性文件。根据这个文件,中共中央办公厅、国务院办公厅制定了《脱贫攻坚责任制实施办法》《"十三五"脱贫攻坚规划》。规划提出到2020年,确保现行标准下建档立卡贫困人口实现脱贫,不愁吃、不愁穿,义务教育、基本医疗和住房安全有保障,12.8万个建档立卡贫困村有序摘帽,832个贫困县全部摘帽,解决好区域性整体贫困问题。

深化以简政放权为重点的政府改革

简政放权、放管结合、优化服务协同推进

2014年政府工作报告提出"进一步简政放权,这是政府的自我革命"。2015年政府工作报告扩展为"加大简政放权、放管结合改革力度"。

2015年5月12日,李克强总理在全国推进简政放权、放管结合职能转变工作电视电话会议上首次提出:"当前和今后一个时期,深化行政体制改革、转变政府职能总的要求是:简政放权、放管结合、优化服务协同推进,即'放管服'改革。"

从简政放权,到放管结合,再到优化服务,既是对政府职能转变的一个认识深化过程，也是政府改革走向成熟和体系化的过程，标志着政府改革从以前的"头痛医头、脚痛医脚"向"标本兼治"转变。

构建责任清单、权力清单制度

地方各级政府工作部门作为地方行政职权的主要实施机关，是中国推行权力清单制度改革的重点。

中共十八届三中全会、四中全会分别提出了要推行地方政府权力清单制度。李克强总理在2014年夏季达沃斯的开幕式致辞中也指出，政府要拿出"权力清单"。

2015年3月24日，中共中央办公厅和国务院办公厅联合发布《关于推行地方各级政府工作部门权力清单制度的指导意见》，要求重点推进权力清单、责任清单。9月，中央深改小组第十六次会议审议通过《关于实行市场准入负面清单制度的意见》，做到负面清单以外的事项由市场主体依法决定。

趋向大部门制的机构改革

2013年2月28日，中共十八届二中全会审议通过了《国务院机构改革和职能转变方案》。3月14日，十二届全国人大一次会议表决通过，这是改革开放以来中国的第七

机构改革之具体

比如交通部与铁道部整合、卫生部与计生委整合,组建国家新闻出版广电总局,组建国家食品药品监督管理总局,以及重新组建国家海洋局和国家能源局等。改革后国务院正部级机构减少4个,其中组成部门减少2个。除国务院办公厅外,国务院设置组成部门25个,如取消铁道部,实行铁路政企分开,完善综合交通运输体系。

次机构改革,也因其是新一届中央领导集体"敢啃硬骨头敢涉险滩"的一次重大系统性改革举措而备受瞩目。

这次改革打出了机构改革与职能转变同步进行的"组合拳"。不仅推出了机构改革,而且在职能转变方面则比以往的做法更具有突破性。

构建开放型经济新体制

明确构建开放型经济新体制总体目标

2015年9月,《中共中央、国务院关于构建开放型经济新体制的若干意见》出台,对构建开放型经济新体制的基本原则、总体目标和重点任务做出了全面系统部署。

构建开放型经济新体制总体目标是,加快培育国际合作和竞争新优势,更加积极地促进内需和外需平衡、进口和出口平衡、引进外资和对外投资平衡,逐步实现国际收支基本平衡,形成全方位开放新格局,实现开放型经济治理体系和治理能力现代化,在扩大开放中树立正确义利观,切实维护国家利益,保障国家安全,推动中国与世界各国共同发展，构建互利共赢、多元平衡、安全高效的开放型经济新体制。

2016年5月16日，为深入贯彻落实《中共中央、国务院关于构建开放型经济新体制的若干意见》，经党中央、国务院同意，商务部公布了开展构建开放型经济新体制综合试点试验地区名单，选取南昌市、济南市等12个城市、区域，开展为期两年左右的构建开放型经济新体制综合试点试验。

自由贸易试验区从建立到形成"1+3+7"格局

扩大开放和深化改革探索新思路和新途径。2014年12月12日，国务院总理李克强主持召开国务院常务会

上海自贸区

中国（上海）自由贸易试验区于2013年8月22日经国务院正式批准设立，2014年12月，上海自由贸易试验区由原先的28.78平方公里扩至120.72平方公里。

议，部署推广上海自贸试验区试点经验，加快制定完善负面清单，推动更高水平对外开放。会议决定，依托现有新区、园区，在广东、天津、福建特定区域再设三个自由贸易园区，以上海自贸试验区试点内容为主体，结合地方特点，充实新的试点内容。此时，中国自贸区扩围至4个。

2017年3月31日，中国自贸试验区再迎新一轮扩围，国务院正式批复在辽宁、浙江、河南、湖北、重庆、四川、陕西等省市设立7个新的自贸试验区，并分别印发了总体方案。至此，中国自贸试验区建设形成"1+3+7"的新格局。

推动"一带一路"建设行稳致远

2013年9月7日，习近平主席在哈萨克斯坦纳扎尔巴耶夫大学发表演讲，提出了共同建设"丝绸之路经济带"的畅想。同年10月，习近平主席出访东盟，提出共同建设"21世纪海上丝绸之路"。"丝绸之路经济带"和"21世纪海上丝绸之路"共同构成了"一带一路"倡议。2015年3月28日，中国发布《推动共建丝绸之路经济带和21世纪海上丝绸之路的愿景与行动》。

2017年5月14日至15日，在"一带一路"国际合作高峰论坛上习近平主席又宣布丝路基金新增资金1000亿元人民币,鼓励金融机构开展人民币海外基金业务,规模预计约3000亿元人民币等。这次高峰论坛是"一带一路"框架下最高规格的国际活动。"一带一路"倡议提出以来,为国内改革开放、全球经济发展注入了新动能。

加快人民币国际化进程

2013年,中国超过美国位列全球第一贸易大国。"一带一路"倡议实施将激发更多市场需求,甚至可能会有越来越多的国家把人民币作为本国储备货币。

为满足人民币跨境使用的需求,进一步整合现有人民币跨境支付结算渠道和资源,提高人民币跨境支付结算效率,2012年初,人民银行决定组织建设人民币跨境支付系统(Cross-Border Interbank Payment System,以下简称CIPS),满足全球各主要时区人民币业务发展的需要。CIPS的建成运行是中国金融市场基础设施建设的又一里程碑事件,标志着人民币国内支付和国际支付统筹兼顾的现代化支付体系建设取得重要进展。

2015年11月,IMF(国际货币基金组织)进行特别提款权(SDR)机制的常规审议,人民币被顺利纳入SDR的货币篮子,并成为继美元、欧元之后的第三大货币。人民币加入 SDR 的潜在实质性收益主要体现在中长期,包括三个方面:一是实质性推进人民币国际化;二是享受 SDR 超主权货币的权益,比如储备资产地位等;三是成为国际货币体系新的名义锚。

生态文明体制改革的顶层设计

2015年9月21日,中共中央、国务院印发《生态文明体制改革总体方案》,阐明了中国生态文明体制改革的指导思想、理念、原则、目标、实施保障等重要内容,提出要加快建立系统完整的生态文明制度体系,为中国生态文明领域改革做出了顶层设计。

2016年3月24日,中共中央政治局召开会议,审议通过《关于加快推进生态文明建设的意见》,明确了加快推进生态文明建设的基本原则,提出到2020年,资源节约型和环境友好型社会建设取得重大进展,主体功能区布局基本形成,经济发展质量和效益显著提高,生态文明主流价值观在全社会得到推行,生态文明建设水平与全面建成小康社会目标相适应。

2015年至2016年间,中央深改小组会议分别审议通过有关环境保护督察、生态环境监测网络建设、领导干部自然资源资产离任审计、党政领导干部生态环境损害责任追究、环保机构监测监察执法垂直管理制度改革、全面推行河长制、按流域设置环境监管和行政执法机构、健全生态保护补偿机制、重点生态功能区产业准入负面清单、生态文明建设目标评价考核、生态环境损害赔偿制度改革试点、建立以绿色生态为导向的农业补贴制度改革等方面的相关方案和试点安排。

中央深改小组还在国家公园体制改革方面做出探索,

绿水青山就是金山银山

"绿水青山就是金山银山。"

这是时任浙江省委书记习近平同志于2005年8月在浙江湖州安吉考察时提出的科学论断。

相继通过了《中国三江源国家公园体制试点方案》《大熊猫国家公园体制试点方案》《东北虎豹国家公园体制试点方案》。探索设立统一规范的国家生态文明试验区，通过了福建实施方案。

中央深改小组还出台了划定并严守生态保护红线的若干意见、湿地保护修复制度方案、海岸线保护与利用管理办法，通过了加强耕地保护和改进占补平衡的意见以及围填海管控办法。

文化体制改革纵深拓展

明确文化体制改革主体框架

中共十八大和十八届三中全会对深化文化体制改革做出部署。2月28日,习近平总书记主持召开中央深改小组第二次会议,审议通过了《深化文化体制改革实施方案》,新一轮文化体制改革开始进入全面实施阶段。

编制《国家"十三五"时期文化发展改革规划纲要》,出台"两个效益"相统一、媒体融合发展、特殊管理股试点、新闻单位采编播管人事管理制度改革、采编和经营两分开、文艺评奖改革、构建现代公共文化服务体系、实施中华优秀传统文化传承发展工程、国际传播能力建设等40

多个改革文件，细化了改革的路线图、时间表、任务书，搭建起文化制度体系的"梁"和"柱"。

积极构建现代文化市场体系和文化产业体系

中共十八大以来，各地和有关部门适应经济发展新常态，着眼供给侧用劲发力，积极构建现代文化市场体系和文化产业体系，提高文化产业发展的质量和效益，努力推动文化产业成为国民经济支柱性产业。

完善文化产品创作生产扶持引导机制。出台《中华人民共和国电影产业促进法》《关于支持电影发展若干经济政策的通知》《关于支持戏曲传承发展的若干政策》等法律及政策性文件，改进国家艺术基金、国家出版基金、电影精品专项资金、文化产业发展专项资金等运行机制，加大对优秀产品的引导扶持力度。

发展壮大文化市场主体。推动国有文化企业跨地区跨行业跨所有制兼并重组，加快培育实力、竞争力强的骨干文化企业。深化文化投融资体制改革。推动文化资源与多层次资本市场有效对接。

培育文化产业发展新动能。对接"互联网+"战略，实施"文化+"行动，推动文化与科技、教育、信息、旅游、体育、建筑设计及相关制造业等深度融合。

"四个自信"

中国特色社会主义道路自信、理论自信、制度自信、文化自信。

扩大和引导文化消费,支持大中城市建设文化娱乐综合体,支持艺术街区、特色书店和小剧场等建设,鼓励有条件的地方适当补贴居民文化消费。

促进基本公共文化服务标准化均等化

中共中央办公厅、国务院办公厅印发《关于加快构建现代公共文化服务体系的意见》,首次把标准化均等化作为重要制度设计和工作抓手;颁布《中华人民共和国公共文化服务保障法》,首次以法律形式规范和界定了各级政府及有关部门在公共文化服务中的责任和义务,将公共文化建设纳入法治化、规范化轨道。

此外,还制定《国务院办公厅关于推进基层综合性文化服务中心建设的指导意见》《"十三五"时期贫困地区公共文化服务体系建设规划纲要》,统筹安排财政资金,实施百县万村综合文化中心工程，在集中连片特殊困难地区县和国家扶贫开发工作重点县扶持建设1万个村综合文化服务中心。

2016年，启动贫困地区民族自治县、边境县村综合文化服务中心覆盖工程，推动贫困地区民族自治县、边境县村级文化中心建设的全覆盖。

加快走出去步伐，提升中华文化国际影响力

中共十八大以来，中共中央、国务院支持加强和改进中华文化走出去工作，支持加快发展对外文化贸易，支持加强"一带一路"软力量建设，统筹对外文化交流、文化传播和文化贸易，讲好中国故事，传播好中国声音，文化走出去力度空前加大。

完善司法体制改革，
推进法治化建设

法官员额制改革全面完成

2017年7月3日，最高人民法院院长周强率领366名法官举行了隆重的最高人民法院首批员额法官宣誓仪式。这标志着最高人民法院机关首批员额法官选任工作圆满完成，也标志着法官员额制改革在全国法院已经全面落实。

新型办案机制逐步形成

2015年9月，最高人民法院出台《关于完善人民法院司法责任制的若干意见》。根据《意见》要求，各地法院普遍建立新型审判权运行机制，取消案件审批，确立法官、合议庭办案主体地位。改革后地方法院直接由独任法官、合议庭裁判的案件占案件总数的98%以上，提交审判委员会讨论案件数量普遍较改革前大幅下降。

同时，各地法院根据自身工作实际，灵活组建审判团队，探索新型审判组织模式，促进扁平化管理和专业化审判相结合。2017年4月，最高人民法院出台《关于落实司法责任制完善审判监督管理机制的意见（试行）》，指导各级法院通过制定权力职责清单、建立专业法官会议制度、完善信息化审判管理、加强司法标准化建设等方式加强审判监督和审判管理，确保放权不放任、监督不缺位。

为适应司法责任制改革要求，建立以审判工作为中心的机构设置模式和人员配置方式，2016年8月，最高人民法院会同中央编办联合印发《省以下人民法院内设机构改革试点方案》，就科学设置审判业务机构，有效整合非审判业务机构，严格控制机构规模提出明确要求。

院庭长办案制度初步落实

为充分发挥各级法院院庭长对审判工作的示范、引领和指导作用，根据中央政法委《关于严格执行法官、检察官遴选标准和程序的通知》要求，2017年4月，最高人民法院出台《关于加强各级人民法院院庭长办理案件工作的意见（试行)》,就院庭长的办案数量、建立保障院庭长办案的工作机制以及建立院庭长办案情况通报制度等进行了明确。

《民法总则》审议通过

2017年3月15日,十二届全国人大五次会议表决通过了《中华人民共和国民法总则》,于2017年10月1日起实施。它的通过,是中国法治走向成熟的标志性事件,也是公民人身权利和财产权利得到精细化法律保护的里程碑事件,标志着中国民法典时代正式开篇。

中国曾多次启动民法制定工作。1954年第一次和1962年第二次由于各种原因而未能取得实际成果。1979年第三次启动,由于条件还不具备,因此,按照"成熟一个通过一个"的工作思路,确定先制定民事单行法。现行的继承法、民法通则、担保法、合同法就是在这种背景下制定的。2001年九届全国人大常委会组织起草了《民法(草案)》,并于2002年进行了一次审议。2003年十届全国人大以来,又先后制定了物权法、侵权责任法、涉外民事关系法律适用法等。这些民事单行立法在制定时没有考虑到体系化,导致立法碎片化,所以必须通过法律的编纂,解决分散立法导致的相互矛盾、缺乏一致性等问题。

2014年,中共十八届四中全会做出了《中共中央关于

> **《民法总则》**
>
> 《民法总则》共分基本规定、自然人、法人、非法人组织、民事权利、民事法律行为、代理、民事责任、诉讼时效、期间计算和附则11章、206条。

全面推进依法治国若干重大问题的决定》，将编纂民法典作为重点领域立法中的重中之重，为民法典的诞生营造了良好政治环境。

《民法总则》贯彻全面依法治国要求，坚持人民主体地位，坚持从中国国情和实际出发，坚持社会主义核心价值观，弘扬中华优秀传统文化，总结继承中国民事法治经验，适应新形势新要求，全面系统地确定了中国民事活动的基本规定和一般性规则。

2017年10月18日，中共十九大召开并深刻阐述新时代中国共产党的历史使命，确定新时代的奋斗目标和战略安排，对新时代推进中国特色社会主义伟大事业和党的建设新的伟大工程做出全面部署。

2018年是改革开放40周年。改革开放是决定当代中国命运的关键一招，也是决定实现"两个一百年"奋斗目标、实现中华民族伟大复兴的关键一招。正如习近平总书记在2018年新年献词中所说，"改革开放是当代中国发展进步的必由之路，是实现中国梦的必由之路。我们要以庆祝改革开放40周年为契机，逢山开路，遇水架桥，将改革进行到底。"

第六章

夺取新时代中国特色社会主义伟大胜利（2017－）

中共十九大和习近平新时代中国特色社会主义思想

中共十九大报告：具有重大历史性意义的行动纲领

2017年10月18日，中国共产党第十九次全国代表大会在北京隆重开幕，习近平代表第十八届中央委员会向大会做了题为《决胜全面建成小康社会 夺取新时代中国特色社会主义伟大胜利》的报告。

中共十九大报告在总结十八大以来五年的工作和历史性变革时，明确提出"中国特色社会主义进入了新时代"，这是一个重大的历史性判断。中共十九大报告用3个"意味着"阐述了"新时代"的历史性意义：意味着近代以来久经磨难的中华民族迎来了从站起来、富起来到强起来的伟大飞跃,迎来了实现中华民族伟大复兴的光明前景;意味着科学社会主义在21世纪的中国焕发出强大生机活力,在世界上高高举起了中国特色社会主义伟大旗帜;意味着中国特色社会主义道路、理论、制度、文化不断发展,拓

14个"坚持"

习近平新时代中国特色社会主义思想具有丰富内涵。

中共十九大报告用14个"坚持"阐述了习近平新时代中国特色社会主义思想的丰富内涵:坚持党对一切工作的领导;坚持以人民为中心;坚持全面深化改革;坚持新发展理念;坚持人民当家作主;坚持全面依法治国;坚持社会主义核心价值体系;坚持在发展中保障和改善民生;坚持人与自然和谐共生;坚持总体国家安全观;坚持党对人民军队的绝对领导;坚持"一国两制"和推进祖国统一;坚持推动构建人类命运共同体;坚持全面从严治党。

展了发展中国家走向现代化的途径，给世界上那些既希望加快发展又希望保持自身独立性的国家和民族提供了全新选择，为解决人类问题贡献了中国智慧和中国方案。

历史性贡献：习近平新时代中国特色社会主义思想

中共十九大通过的党章把十八大以来党的理论创新成果概括为"习近平新时代中国特色社会主义思想"，实现了党的指导思想的又一次与时俱进。习近平新时代中国特色社会主义思想是马克思主义中国化最新成果，是党和人民实践经验和集体智慧的结晶，是中国特色社会主义理论体系的重要组成部分，是全党全国人民为实现中华民族伟大复兴而奋斗的行动指南。

坚定迈向高质量发展建设现代化经济体系

做强做优做大"国有资本"

十八届三中全会以来,新一轮国企改革拉开大幕。2017年是供给侧结构性改革深化之年,也是国企国资改革落地见效之年。

2017年4月,国务院办公厅转发《国务院国资委以管资本为主推进职能转变方案》,强化了3项管资本职能,精简43项监管事项。

在2017年基础上,2018年以授权经营体制为主的国资改革,成为新一轮改革的"牛鼻子"。中共十九大报告和2018年中央经济工作会议都明确要求,从做强做优做大"国有企业"变为做强做优做大"国有资本"。

2018年起，与国资改革相关政策相继发布，《中共中央关于建立国务院向全国人大常委会报告国有资产管理情况制度的意见》《上市公司国有股权监督管理办法》《关于完善国有金融资本管理的指导意见》《中央企业违规经营投资责任追究实施办法（试行）》《关于加强国有企业资产负债约束的指导意见》。

2018年7月30日，国务院还发布《关于推进国有资本投资、运营公司改革试点的实施意见》。

毫不动摇支持民营经济发展

2018年9月25日至28日，习近平在东北三省考察，实地了解东北振兴情况，主持召开深入推进东北振兴座谈会并发表重要讲话。

习近平强调，改革开放以来，党中央一直关心支持爱护民营企业。现在很多改革举措都是围绕如何进一步发展民营经济，对此民营企业要进一步增强信心。要为民营企业营造好的法治环境，进一步优化营商环境。党的路线方针政策是有益于、有利于民营经济发展的。民营企业也要进一步弘扬企业家精神、工匠精神，力争做出更多的一流产品，发展一流企业。

此后,从中央到地方,形成合力、促民资政策的力度不断加大,尤其是在推进民营企业参与重大项目建设和加大金融支持方面尤为凸显。例如,10月22日,为贯彻落实党中央、国务院支持民营经济发展的重要指示精神,经国务院批准,按照法治化、市场化原则,人民银行引导设立民营企业债券融资支持工具,稳定和促进民营企业债券融资。11月19日,国家税务总局发布《关于实施进一步支持和服务民营经济发展若干措施的通知》,就切实履行好税务部门职责,进一步支持和服务民营经济发展发布了5个方面26条措施。各省市也纷纷出台支持民营经济发展的具体实施意见。

习近平视察忠旺集团

2018年9月27日上午,习近平总书记乘车前往当地一家民营企业——辽宁忠旺集团。在生产制造车间,他察看了产品生产线操作运行,并走进高铁高寒车铝合金车体,了解企业发展和转型升级等情况。

市场准入负面清单制度全面实行

2018年6月28日,为贯彻落实习近平主席4月10日在2018博鳌亚洲论坛上重要讲话精神和中共中央、国务院决策部署,国家发展改革委、商务部发布了2018年版负面清单,进一步推动新一轮对外开放。

近年来,中国不断加快开放步伐,已经将外商投资准入限制措施减少近三分之二,开放的大门越开越大。对外商投资审批制度进行了重大改革,实行负面清单管理新模式,负面清单之外的领域基本实行备案管理。出台了一系列积极吸引外资措施,构建更加完善的投资环境。根据联合国贸发会议《世界投资报告》,中国在全球最具吸引力的投资目的地排名中保持前两位,也是全球第二大引资国。

预算绩效管理改革全面启动

中共十八大以来,中国预算管理改革步伐明确加快,财政资金使用绩效不断提升,中央财政已经初步构建起以项目支出为主的一般公共预算绩效管理体系。

2014年修订的新《预算法》提出了讲求绩效的原则,并对绩效管理做出了一系列制度上的规定。该法第57条明确要求各级政府、各部门、各单位都应当对预算支出情

2018年版负面清单的主要特点

一是全方位推进开放。一、二、三产业全面放宽市场准入，涉及金融、交通运输、商贸流通、专业服务、制造、基础设施、能源、资源、农业等各领域，共22项开放措施；

二是大幅精简负面清单。2018年版负面清单保留48条特别管理措施，比2017年版63条减少了15条。清单条目少了，相应地将进一步缩小外商投资审批范围；

三是对部分领域开放做出整体安排。2018年版负面清单，列出了汽车、金融领域对外开放路线图时间表，逐步加大开放力度，给予相关行业一定过渡期，增强开放的可预期性。

况开展绩效评价。2014年6月，国务院出台《关于深化预算管理制度改革的决定》，提出要全面推进预算绩效管理工作，绩效管理要覆盖到各级预算单位和所有财政资金。

2018年9月1日,中共中央、国务院出台《关于全面实施预算绩效管理的意见》,提出力争用3到5年时间基本建成全方位、全过程、全覆盖的预算绩效管理体系,实现预算和绩效管理一体化,着力提高财政资源配置效率和使用效益,改变预算资金分配的固化格局。

11月,财政部发布《关于贯彻落实<中共中央国务院关于全面实施预算绩效管理的意见>的通知》,明确提出:到2020年底,中央部门和省级层面要基本建成全方位、全过程、全覆盖的预算绩效管理体系;到2022年底,市县层面要基本建成全方位、全过程、全覆盖的预算绩效管理体系,做到"花钱必问效、无效必问责",大幅提升预算管理水平和政策实施效果。

雄安新区全面布局深化改革和扩大开放

设立河北雄安新区,是以习近平同志为核心的党中央深入推进京津冀协同发展做出的一项重大决策部署,是继深圳经济特区和上海浦东新区之后又一具有全国意义的新区,是重大的历史性战略选择,是千年大计、国家大事。

2019年1月24日,《中共中央国务院关于支持河北雄安新区全面深化改革和扩大开放的指导意见》发布,提出系统推进体制机制改革和治理体系、治理能力现代化，推动雄安新区在承接中促提升，在改革发展中谋创新，把雄安新区建设成为北京非首都功能集中承载地、京津冀城市群重要一极、高质量高水平社会主义现代化城市，发挥对全面深化改革的引领示范带动作用，走出一条新时代推动高质量发展的新路径，打造新时代高质量发展样板。

深化行政、司法体制改革

中共十九届三中全会：深化党和国家机构改革

中共十九大对深化机构改革做出重要部署，要求统筹考虑各类机构设置，科学配置党政部门及内设机构权力、明确职责。中共十九大闭幕后，中央政治局常委会、中央政治局决定，党的十九届三中全会专题研究深化党和国家机构改革问题，目的是在全面深化改革进程中抓住有利时机，下决心解决党和国家机构设置和职能配置中存在的突出矛盾和问题。

2018年2月28日，中共十九届三中全会通过了《中共中央关于深化党和国家机构改革的决定》，且于3月4

日对外发布。《决定》明确指出:"深化党和国家机构改革是推进国家治理体系和治理能力现代化的一场深刻变革。"

《决定》以习近平新时代中国特色社会主义思想为指导,着眼于推进国家治理体系和治理能力现代化,统筹推进党政军群机构改革,构建从中央到地方各级机构政令统一、运行顺畅、充满活力的工作体系。加强党的全面领导,在完善党中央机构职能和完善国务院机构职能方面,实施全面性改革。

此次党和国家机构改革不仅着眼于近期全面建成小康社会,更力求为2035年基本实现社会主义现代化和本世纪中叶建成社会主义现代化强国提供制度保障,是一场统

国家机构改革方案

方案全文有八个大方面改革、具体改革内容60条、涉及80个党政军群各个方面机构,涉及面空前。

2018年5月31日,整合了人社部、国家发改委和民政部等部门相关职责组建的国家医疗保障局正式揭牌亮相。

筹中央党政军群各类机构以及地方机构的系统性改革，比此前任何一次机构改革的涉及面更广、影响范围更大。

中央全面深化改革委员会成立

中央全面深化改革委员会是2018年3月中共中央根据《深化党和国家机构改革方案》由原中央全面深化改革领导小组改成的中共中央直属决策议事协调机构。

3月28日，中共中央总书记、国家主席、中央军委主席、中央全面深化改革委员会主任习近平主持召开中央全面深化改革委员会第一次会议并发表重要讲话。

会议还审议通过了《中央全面深化改革委员会工作规则》《中央全面深化改革委员会专项小组工作规则》《中央全面深化改革委员会办公室工作细则》。

全面深化司法体制改革

中共十八大以来，中国司法体制改革受到外界高度关注。2018年1月22日至23日，中共十九大后的首次中央政法工作会议在北京举行，就深化司法体制改革提出了系列方案。

一是加快完善员额管理制度。健全员额退出、增补机制，入额领导干部要严格执行办案数量要求，带头办理重

全面深化改革进入新阶段

习近平表示,深化党和国家机构改革全面启动,标志着全面深化改革进入了一个新阶段,改革将进一步触及深层次利益格局的调整和制度体系的变革,改革的复杂性、敏感性、艰巨性更加突出,要加强和改善党对全面深化改革统筹领导,紧密结合深化机构改革推动改革工作。

大复杂疑难案件,达不到要求的退出员额。

二是加快建设新型办案团队。司法行政人员比例不超过15%,法官助理与法官的比例达到1∶1以上。

三是加快内设机构改革确定时间表,确保2018年底前完成。

四是加快构建新型司法监管机制。转变思路,从微观的个案审批、文书签发向宏观的全院、全员、全过程的案件质量效率监管转变。

五是加快完善司法职业保障制度。各级法院检察院强化司法绩效考核结果运用，让考核优秀者优先晋升，让考核不合格者退出员额。

六是深化刑事诉讼制度改革。完善刑事案件分流机制，推进认罪认罚从宽制度试点，构建中国特色轻罪诉讼制度体系，推进以审判为中心的刑事诉讼制度改革。

七是深化与国家监察体制改革试点衔接工作。积极支持全面推开国家监察体制改革试点，配合做好机构调整、职能划转、人员转隶工作，以更大力度推进反腐败工作。

八是深化民事诉讼制度改革。在民商事案件占法院案件总数85%的大背景下，进一步提高办案质量效率，向人民群众提供更优质的司法产品。

九是深化市场化、社会化机制建设。深化执行制度改革，坚决打赢"用两到三年时间基本解决执行难"这场硬仗。

十三届全国人大一次会议通过宪法修正案、监察法

2018年3月11日，十三届全国人大一次会议第三次全体会议经投票表决，通过了《中华人民共和国宪法修正案》。宪法修正案站在健全完善党和国家领导制度、推进国家治理体系和治理能力现代化的高度，做出了一系列重大制度设计，包括坚持党的领导、人大制度、统一战线制度、宪法宣誓制度、国家主席任期制度、地方立法制度、监察制度等。

大会还通过了《中华人民共和国监察法》。在国家权力结构中设置监察机关，是从中国历史传统和现实国情出发加强对公权力监督的重大改革创新。监察法草案主要内容：一是明确监察工作的指导思想和领导体制；二是明确监察工作的原则和方针；三是明确监察委员会的产生和职责；四是实现对所有行使公权力的公职人员监察全覆盖；五是赋予监察机关必要的权限；六是严格规范监察程序；七是加强对监察机关和监察人员的监督。

2018年3月17日，第十三届全国人民代表大会第一次会议审议通过了国务院机构改革方案，将中华人民共和国监察部并入新组建的国家监察委员会。中华人民共和国国家预防腐败局并入国家监察委员会。不再保留监察部、国家预防腐败局。同月18日，第十三届全国人民代表大会第一次会议选举杨晓渡为中华人民共和国国家监察委员会主任。23日，中华人民共和国国家监察委员会在北京揭牌，举行新任国家监察委员会副主任、委员宪法宣誓仪式。

实施乡村振兴战略

全面部署乡村振兴战略

2018年1月2日，国务院公布《中共中央、国务院关于实施乡村振兴战略的意见》，提出乡村振兴战略的指导思想、目标任务和基本原则。2018年3月5日，国务院总理李克强在《政府工作报告》中讲到，大力实施乡村振兴战略。

2018年9月26日，中共中央、国务院印发了《乡村振兴战略规划（2018-2022年）》。《规划》以习近平总书记关于"三农"工作的重要论述为指导，按照产业兴旺、生态宜居、乡风文明、治理有效、生活富裕的总要求，对实施乡村振兴战略做出阶段性谋划，分别明确至2020年全面建成小康社会和2022年召开党的二十大时的目标任务，细化实化工作重点和政策措施，部署重大工程、重大计划、重大行动，确保乡村振兴战略落实落地，是指导各地区各部门分类有序推进乡村振兴的重要依据。

关于修改《农村土地承包法》的决定

2018年12月29日，十三届全国人大常委会第七次会

《农村土地承包法》亮点

将第一条修改为："为了巩固和完善以家庭承包经营为基础、统分结合的双层经营体制，保持农村土地承包关系稳定并长久不变，维护农村土地承包经营当事人的合法权益，促进农业、农村经济发展和农村社会和谐稳定，根据宪法，制定本法。"

增加一条，作为第九条："承包方承包土地后，享有土地承包经营权，可以自己经营，也可以保留土地承包权，流转其承包地的土地经营权，由他人经营。"

议表决通过了关于修改《农村土地承包法》的决定，对原农村土地承包法做出了46项修改。《农村土地承包法》自2003年实施以来，对稳定农村基本经营制度和农村土地承包关系发挥了重要作用。随着近年来越来越多农民进城务工，承包土地流转日益增多，家庭农场、农民专业合作社等新型经营主体大量涌现，农村土地承包法的修改吸引了社会广泛关注。

2019年中央一号文件

2019年2月，中央一号文件即《中共中央、国务院关于坚持农业农村优先发展做好"三农"工作的若干意见》发布。

全文共分8个部分，包括：聚力精准施策，决战决胜脱贫攻坚；夯实农业基础，保障重要农产品有效供给；扎实推进乡村建设，加快补齐农村人居环境和公共服务短板；发展壮大乡村产业，拓宽农民增收渠道；全面深化农村改革，激发乡村发展活力；完善乡村治理机制，保持农村社会和谐稳定；发挥农村党支部战斗堡垒作用，全面加强农村基层组织建设；加强党对"三农"工作的领导，落实农业农村优先发展总方针。

推动形成全面开放新格局

2018博鳌亚洲论坛年会：新时代中国扩大对外开放的坚定决心

中国坚定不移扩大开放，既是历史经验的深刻总结，也是面向未来的战略抉择。世界已经成为你中有我、我中有你的地球村，经济全球化已成不可逆转的时代潮流，未来中国经济的高质量发展，必须在更加开放条件下才能实现。

4月10日，习近平主席出席博鳌亚洲论坛2018年年会开幕式并发表主旨演讲，深刻总结中国改革开放的伟大成就、重要经验和启示、世界意义和影响，提出一系列新的改革开放重大举措，向世界宣示了新时代中国坚定不移深化改革、扩大开放的坚定意志和坚强决心，为推动亚洲和世界的和平发展注入了强大正能量。

在主旨演讲中，习近平主席回顾了中国人民40年改革开放的壮丽史诗，宣布了大幅度放宽市场准入、创造更有吸引力的投资环境、加强知识产权保护、主动扩大进口等四项扩大开放的重大举措，再一次有力证明"中国开放的大门不会关闭，只会越开越大"，表明中国与各国共享机遇、共同发展的决心与诚意，得到国际社会的广泛认同和普遍赞誉。

海南全岛建立自由贸易试验区、探索建设中国特色自由贸易港

2018年4月13日，习近平总书记在庆祝海南建省办经济特区30周年大会上郑重宣布，党中央决定支持海南全岛建设自由贸易试验区，支持海南逐步探索、稳步推进中国特色自由贸易港建设，分步骤、分阶段建立自由贸易港政策和制度体系。

4月14日，《中共中央、国务院关于支持海南全面深化改革开放的指导意见》正式发布，提出27项具体举措，以海南为新标杆，向世界展现中国更高起点推动改革开放的新蓝图。

海南分步骤、分阶段建设自由贸易港政策和制度体系，加快探索建设中国特色自由贸易港进程，是新时代中央赋予海南的重大战略使命，是新阶段彰显中国扩大对外开放、积极推动经济全球化决心的重大战略举措，是更高起点谋划和推进改革开放的重大战略决策。

2019年4月22日，中共中央政治局常委、国务院副总理、推进海南全面深化改革开放领导小组组长韩正主持召开推进海南全面深化改革开放领导小组全体会议并讲话。会议深入学习贯彻习近平总书记关于海南全面深化改革开放的重要指示精神，审议有关文件，研究部署2019年重点工作。

《粤港澳大湾区发展规划纲要》公布

改革开放40多年来，尤其是港澳回归以来，在"一国两制"保持港澳繁荣稳定的前提下，广东率先在开放改革中"杀出一条血路"，并且通过与香港和澳门的率先合作取得了改革开放发展的突出优势，使得粤港澳区域合作成为国内区域合作的突出亮点，并在中国改革开放发展大局中起了"领头羊"的重要作用。

中共十九大报告提出，"以粤港澳大湾区建设、粤港澳合作、泛珠三角区域合作等为重点,全面推进内地同香港、澳门互利合作"。2019年2月18日,中共中央、国务院印发《粤港澳大湾区发展规划纲要》,并明确提出"建设粤港澳大湾区,既是新时代推动形成全面开放新格局的新尝试,也是推动'一国两制'事业发展的新实践"。粤港澳大湾区是一个大战略。在经济全球化新背景与中国改革开放新阶段,加快粤港澳大湾区建设,关键点与突破口

解读

粤港澳大湾区

粤港澳大湾区包括香港特别行政区、澳门特别行政区和广东省广州市、深圳市、珠海市、佛山市、惠州市、东莞市、中山市、江门市、肇庆市,总面积5.6万平方公里,2017年末总人口约7000万人。作为中国开放程度最高、经济活力最强的区域之一,粤港澳大湾区在国家发展大局中具有重要战略地位,未来将发挥重要示范带头和引领作用。

都在于能否实现粤港澳服务贸易一体化。

"一带一路": 从"大写意"转入"工笔画"

2018年8月, 习近平主席在北京主持召开推进"一带一路"建设工作5周年座谈会, 提出"一带一路"建设要从谋篇布局的"大写意"转入精耕细作的"工笔画", 向高质量发展转变, 造福沿线国家人民, 推动构建人类命运共同体。

2019年4月26日, 第二届"一带一路"国际合作高峰论坛召开, 国家主席习近平在北京国家会议中心出席开

"一带一路"合作忙

2019年3月23日, 中国同意大利签署关于共同推进"一带一路"建设的谅解备忘录, 意大利也成为七国集团中首个签署这一合作文件的国家。

截至2019年4月底, 已有126个国家、29个国际组织同中方签署合作文件。

幕式，并发表题为《齐心开创共建"一带一路"美好未来》的主旨演讲，强调共建"一带一路"为世界各国发展提供了新机遇，也为中国开放发展开辟了新天地。

此外，中国还举办了丝绸之路博览会暨中国东西部合作与投资贸易洽谈会、中国—东盟博览会、中国—亚欧博览会、中国—阿拉伯国家博览会、中国—南亚博览会、中国—东北亚博览会、中国西部国际博览会等大型展会，都成为中国与沿线各国共商合作的重要平台。

加快民生建设，深化生态文明体制改革

精准脱贫有力推进

中共十九大明确把精准脱贫作为决胜全面建成小康社会必须打好的三大攻坚战之一，做出了新的部署。

2018年6月15日，中共中央、国务院出台了《关于打赢脱贫攻坚战三年行动的指导意见》。文件要求，到2020年，确保现行标准下农村贫困人口实现脱贫，消除绝对贫困；确保贫困县全部摘帽，解决区域性整体贫困。实现贫困地区农民人均可支配收入增长幅度高于全国平均水平。实现贫困地区基本公共服务主要领域指标接近全国平均水平。

中国奇迹

2019年政府工作报告中提出，2018年全国精准脱贫有力推进农村贫困人口减少了1386万，而且易地扶贫搬迁280万人，创造了一个中国的奇迹。

全国试行生态环境损害赔偿制度

为进一步明确生态环境损害赔偿范围、责任主体、索赔主体、损害赔偿解决途径等，中共中央办公厅、国务院办公厅印发《生态环境损害赔偿制度改革方案》，标志着自2018年1月1日起全国将试行生态环境损害赔偿制度。

这一方案的出台，标志着生态环境损害赔偿制度改革已从先行试点进入全国试行的阶段。通过全国试行，不断提高生态环境损害赔偿和修复的效率，将有效破解"企业污染、群众受害、政府买单"的困局，积极促进生态环境损害鉴定评估、生态环境修复等相关产业发展，有力保护生态环境和人民环境权益。方案提出了构建生态环境损害赔偿制度的时间表，即到2020年，力争在全国范围内初步构建责任明确、途径畅通、技术规范、保障有力、赔偿到位、修复有效的生态环境损害赔偿制度。

早在2015年，中共中央办公厅、国务院办公厅印发了《生态环境损害赔偿制度改革试点方案》。在吉林、山东、江苏、湖南、重庆、贵州、云南7个省（市）开展生态环境损害赔偿制度改革试点工作。在试点方案基本框架的基础上，此次印发的方案对部分内容进行了补充完善：一是将赔偿权利人范围从省级政府扩大到市地级政府，提高赔偿工作的效率；二是要求地方细化启动生态环境损害赔偿的具体情形，明确启动赔偿工作的标准；三是健全磋商机制，规定了"磋商前置"程序，并明确对经磋商达成的赔偿协议，可以依照民事诉讼法向人民法院申请司法确认，赋予赔偿协议强制执行效力。

《基本公共服务领域中央与地方共同财政事权和支出责任划分改革方案》

2018年2月，为进一步提高各级政府提供基本公共服务的能力和水平，国务院办公厅印发了《基本公共服务领域中央与地方共同财政事权和支出责任划分改革方案》，该方案的出台标志着基本公共服务财政事权和支出责任划分改革取得了重大进展。

《方案》，一是明确基本公共服务领域中央与地方共同财政事权范围；二是制定基本公共服务保障9项国家基础标准；三是规范基本公共服务领域中央与地方共同财政事权的支出责任分担方式；四是调整完善转移支付制度；五是推动省以下支出责任划分改革。

建立企业职工基本养老保险基金中央调剂制

2018年6月13日，新华社受权发布了国务院《关于建立企业职工基本养老保险基金中央调剂制度的通知》。文件提出，在现行企业职工基本养老保险省级统筹基础上，建立养老保险中央调剂基金，对各省份养老保险基金进行适度调剂，确保基本养老金按时足额发放。中央调剂基金由各省份养老保险基金上解的资金构成，按照各省份职工平均工资的90%和在职应参保人数作为计算上解额的基数，上解比例从3%起步，逐步提高。

个人所得税法修正

中共十八届三中全会《决定》提出，"逐步建立综合与分类相结合的个人所得税制"，这是个税改革的总体方向。2018年政府工作报告明确提出改革个人所得税，提高个人所得税起征点，增加子女教育、大病医疗等专项费用扣除,合理减负。

6月19日,个人所得税法修正案草案提请十三届全国人大常委会第三次会议审议,这是个税法自1980年出台以来第七次修改。8月31日,修改个人所得税法的决定通过,起征点每月5000元。

《决定》提出,10月1日起实施最新起征点和税率,此外,新的个税基本减除费用标准和新的税率表开始实行。按照新的个税法,2019年1月1日起,劳务报酬、稿酬、特许权使用费三项所得将与工资薪金合并起来计算纳税,子女教育、继续教育、大病医疗、住房房屋贷款或者住房租金、赡养老人的支出也将作为专项附加项目予以扣除。

第七次个税法修改的完成,意味着个税改革终于迈出关键一步。本次修法的最大亮点,在于历史性地实现了个税制度由分类税制向综合税制的转变,使得计税模式更加公平,从而更好地发挥个税缩小收入分配差距的调节作用,更好地实现税负公平。

庆祝改革开放40周年

2018年是中国改革开放40周年。2018年12月18日上午10时,庆祝改革开放40周年大会在北京人民大会堂隆重举行。中共中央总书记、国家主席、中央军委主席习近平在大会上发表重要讲话。大会宣读了授予改革先锋称号、中国改革友谊奖章人员的决定和名单,授予于敏等100名同志改革先锋称号;为感谢国际社会对中国改革开放事业的支持和帮助,向阿兰·梅里埃等10名国际友人颁授中国改革友谊奖章。

习近平从理论创新、经济建设、政治建设、文化建设、社会建设、生态文明建设、国防和军队建设、祖国统

一、外交工作、党的建设等方面总结了改革开放的伟大成就。他强调，40年来取得的成就不是天上掉下来的，更不是别人恩赐施舍的，而是全党全国各族人民用勤劳、智慧、勇气干出来的。我们用几十年时间走完了发达国家几百年走过的工业化历程。在中国人民手中，不可能成为了可能。

习近平指出，改革开放40年积累的宝贵经验是党和人民弥足珍贵的精神财富，对新时代坚持和发展中国特色社会主义有着极为重要的指导意义，必须加倍珍惜、长期坚持，在实践中不断丰富和发展。

后 记

改革开放40多年来,中国人民用双手书写了国家和民族发展的壮丽史诗。作为以直谏中国改革为己任的中国改革智库,我与我所在的中国(海南)改革发展研究院,以高度历史使命感和责任感,隆重庆祝中华人民共和国成立70周年。

为改革留声、为改革写史,我们精心策划并推出多个系列主题图书,发挥改革智库记录改革历史、传播改革成果、凝聚改革共识的积极作用,产生广泛影响:一是推出了《中国改革开放全纪录(1978-2018)》中英文版并向全球发行;二是组织出版《复兴之路——改革开放40年回顾与展望》丛书;三是策划并即将出版《口述改革历史》(上中下)。此外,我还出版了个人专著《我的改革情》,以自身视角讲述一代改革者对中国改革开放事业的不懈追求和痴心探索。这些出版物，有的入选党的十九大主题出版重点选题，有的入选"十三五"国家重点图书，有的入选国家出版基金，有的被中组部评为全国党员教育培训教材。

为讲好中国故事，传播好中国声音，向世界展现真实、立体、全面的中国，中国外文局外文出版社策划并组织了"如何看中国"丛书的出版工作，其中一册以中国改革开放为主题。很高兴作为分册主编参与丛书出版，正如前言所说，"改革开放是理解和认识当代中国的一把钥匙"，我愿意向各界读者特别是国外读者介绍中国改革开放的伟大历程。

在本书的编写过程中，得到了我的同事张娟、陈薇、王菲、金立仁、陈所华等人的大力协助；得到了外文出版社的宝贵意见和建议，在此一并表示感谢。

迟福林

2019年3月

图书在版编目（CIP）数据

从富起来到强起来：如何看中国改革开放／迟福林主编.—北京：外文出版社，2019.6
（如何看中国）
ISBN 978-7-119-12061-4

Ⅰ.①从… Ⅱ.①迟… Ⅲ.①改革开放－研究－中国 Ⅳ.①D61

中国版本图书馆CIP数据核字（2019）第126970号

出版指导：陆彩荣
出版统筹：徐 步　胡开敏

责任编辑：陈丝纶
内文设计：一点文化·邱特聪
封面设计：北京红十月图文设计有限公司
印刷监制：秦 蒙

从富起来到强起来
如何看中国改革开放

迟福林　**主编**
张 娟　陈 薇　**副主编**

©外文出版社有限责任公司
出 版 人：徐 步
出版发行：外文出版社有限责任公司
地　　址：北京市西城区百万庄大街24号　　邮政编码：100037
网　　址：http://www.flp.com.cn　　电子邮箱：flp@cipg.org.cn
电　　话：008610-68320579（总编室）　　008610-68996158（编辑部）
　　　　　008610-68995852（发行部）　　008610-68996183（投稿电话）
印　　刷：固安县云鼎印刷有限公司
经　　销：新华书店／外文书店
开　　本：889×1194mm　1/32
字　　数：200千
印　　张：8.875
版　　次：2019年8月第1版第1次印刷　2019年10月第1版第2次印刷
书　　号：ISBN 978-7-119-12061-4
定　　价：45.00元

版权所有　侵权必究　如有印装问题本社负责调换（电话：68329904）